Rundum glücklich *stricken*

CV

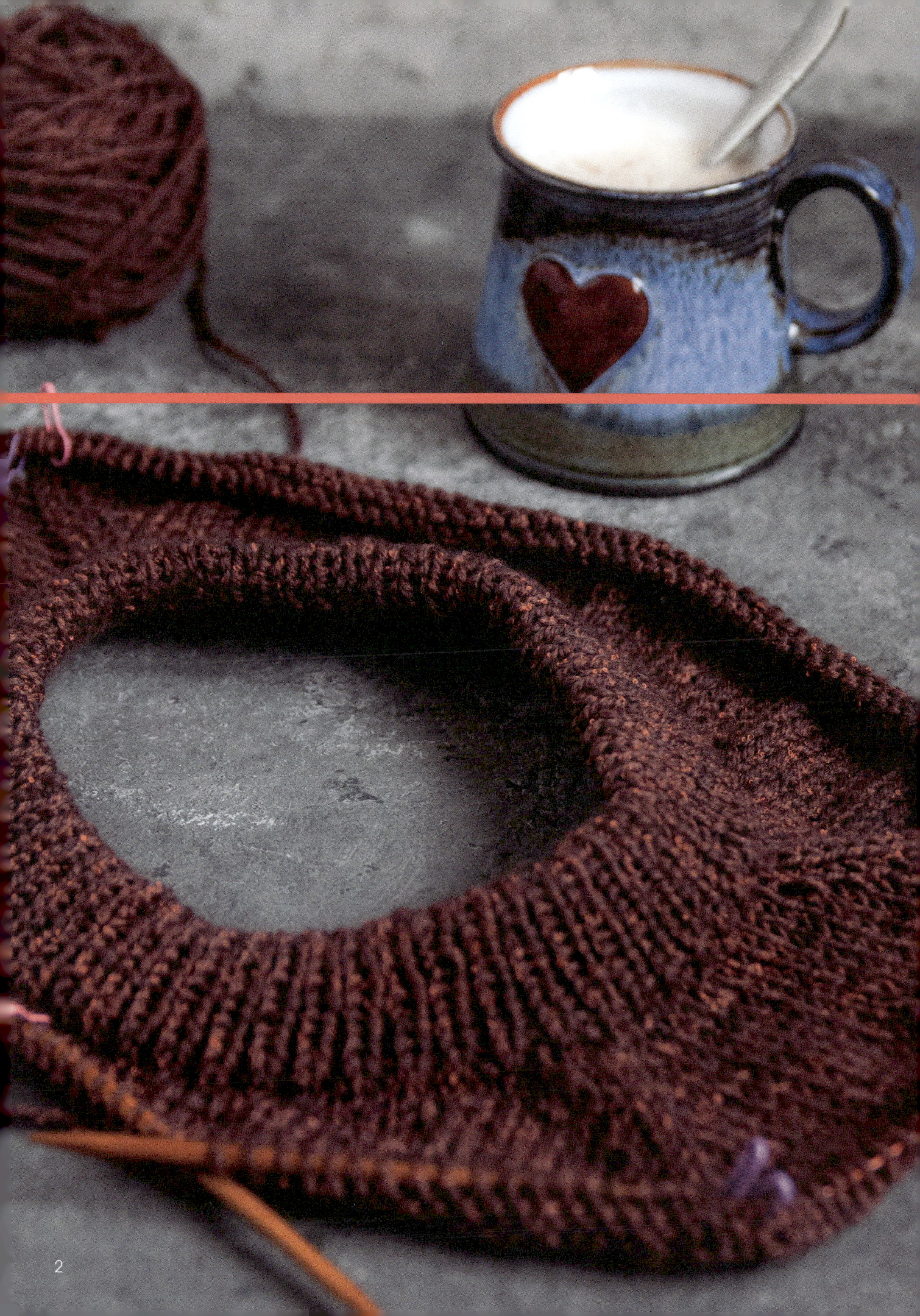

Rundum glücklich *stricken*

Hier geht es rund!

Im Schulter- und Halsbereich wird rund gestrickt! Das ist das Grundprinzip der Rundpasse. Ganz gleich, ob von unten (Bottom-Up) oder von oben (Top-Down) gestrickt, mit Raglan- oder verteilten Abnahmen, nahtlos am Stück oder erst ab den Armausschnitten auf einer Nadel vereint – hier geht es um Pullover mit Rundpasse. Eine ausgeklügelte Methode, die wunderschöne Strickpullover entstehen lässt! Ob die aktuell so trendigen Norwegerpullis, Modelle mit ausdrucksstarken Mustern, hauchzarte Mohairdesigns oder Entwürfe mit abwechslungsreichen Streifen und Ringeln – diese Pullover machen uns rundum glücklich! Sie werden entweder als Raglan mit den markanten schräglaufenden Schulterlinien gestrickt oder mit Rundpasse im klassischen Norweger-Style. In jedem Fall entstehen gut sitzende Pullover, bei denen sich Muster, Streifen oder Bordüren ohne Unterbrechung um Hals und Schultern legen.

Alle Anleitungen stammen aus dem bekannten Rebecca-Magazin, das seit mehr als 25 Jahren erfolgreich Strickmode aus Qualitätsgarnen der Marke ggh veröffentlicht. Die Designs sind vielfältig – Jacquardbordüren, Colourblocking, Ein- und Mehrfarbiges, hauchzarte Pullöverchen oder gemütliche Oversize-Modelle, hier ist alles dabei. Allen gemeinsam ist der lässige, entspannte Style und die raffinierte, strickleichte Machart mit Rundpasse.

Viel Spaß beim Stricken und mit dem neuen Lieblingspullover!

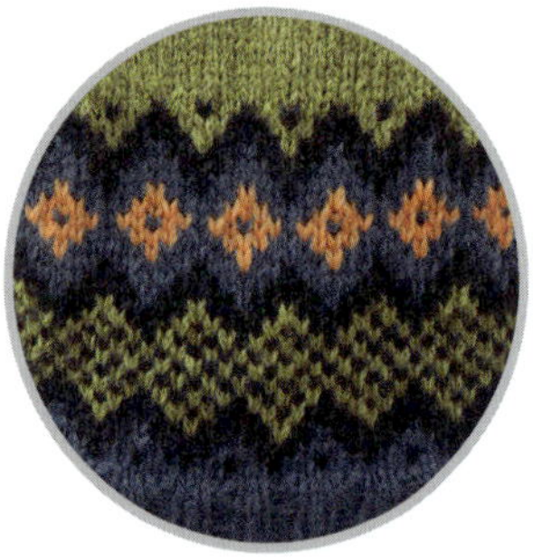

NORWEGER-PULLOVER

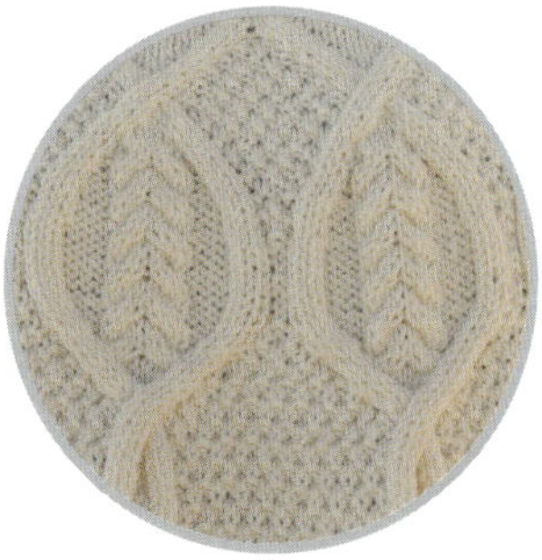

MUSTER-MASCHEN

Inhalt

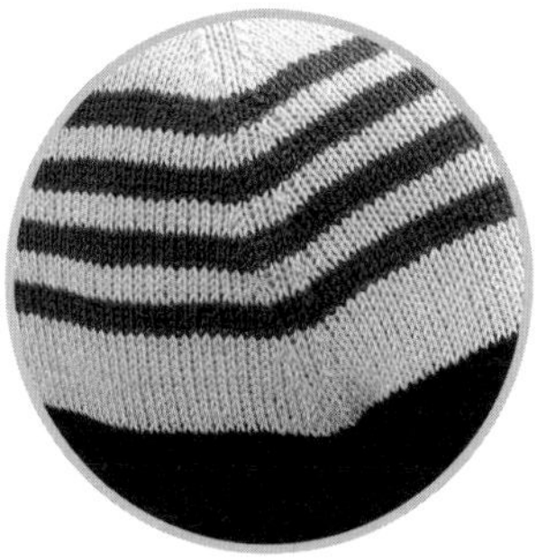

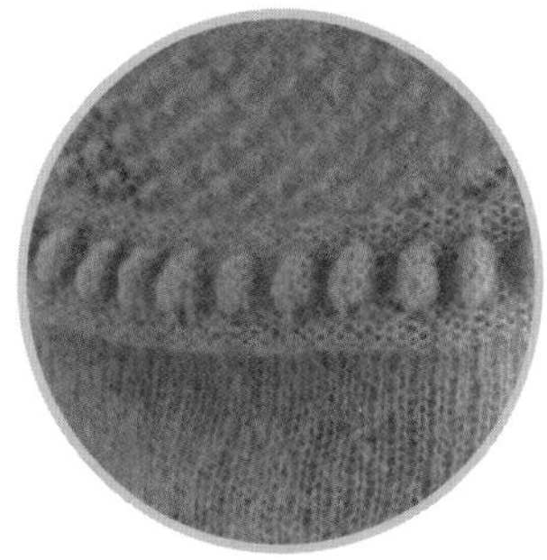

STREIFEN & RINGEL

FLAUSCH

Abkürzungen

M = Masche; **R** = Reihe; **Rd** = Runde

Rundum glücklich *stricken*

Bei Rundpassen legt sich die Masche in die Kurve – im Hals- und Schulterbereich liegen Vorder- und Rückenteil sowie die Ärmel auf einer langen Rundstricknadel und werden rundgestrickt. Das funktioniert von oben wie von unten: Entweder wird am Halsausschnitt begonnen und dann mit Zunahmen gearbeitet oder es wird von unten gestrickt im Anschluss an Vorder- und Rückenteil und mit Abnahmen bis zum Halsausschnitt oder Kragen. Die Rundpasse lässt sich in beide Richtungen arbeiten und sogar quer – diesen Sonderfall stellen wir auf Seite 66 vor.

Sind die Zu- oder Abnahmen gleichmäßig verteilt, entstehen klassische Rundpassen im Norwegerstil. Werden sie stets an den vier gleichen Stellen am Übergang zwischen Korpus und Ärmeln gearbeitet und dazu durch Überzüge, Lochreihen oder Muster betont, bilden sich dekorative schräglaufende Linien aus: die Raglanschrägen. Hier kommt ein Baron ins Spiel: Fitzroy James Henry Somerset, 1. Baron Raglan, verlor in der Schlacht von Waterloo einen Arm. Für ihn erfanden findige Schneider eine Mantelform mit schräg vom Halsausschnitt zur Achsel verlaufenden Nähten. Das drückte nicht auf die Narbe und erleichterte das An- und Ausziehen mit nur einem Arm. Der gut sitzende Schnitt eroberte die Modewelt und ist seit seiner ersten schriftlichen Erwähnung 1862 als Raglanärmel bekannt. Klassisch wurden Ärmel, Vorder- und Rückenteil einzeln gestrickt und zusammengenäht. Heute macht eine nahtlos gestrickte Variante als RVO (Raglan von oben) Furore. Dabei wird am Halsausschnitt begonnen, rundgestrickt und die Zunahmen für die Weite so verteilt und betont, dass sie sich als schräglaufende Raglanlinien vom Hals- zum Armausschnitt abzeichnen. Die Konstruktion ist dann nahtlos, das bei vielen nicht so beliebte Zusammennähen entfällt. Das Ganze lässt sich allerdings auch von unten, vom Saum aus stricken, mit oder ohne Ärmel- und Seitennähte – wir stellen alle Varianten vor.

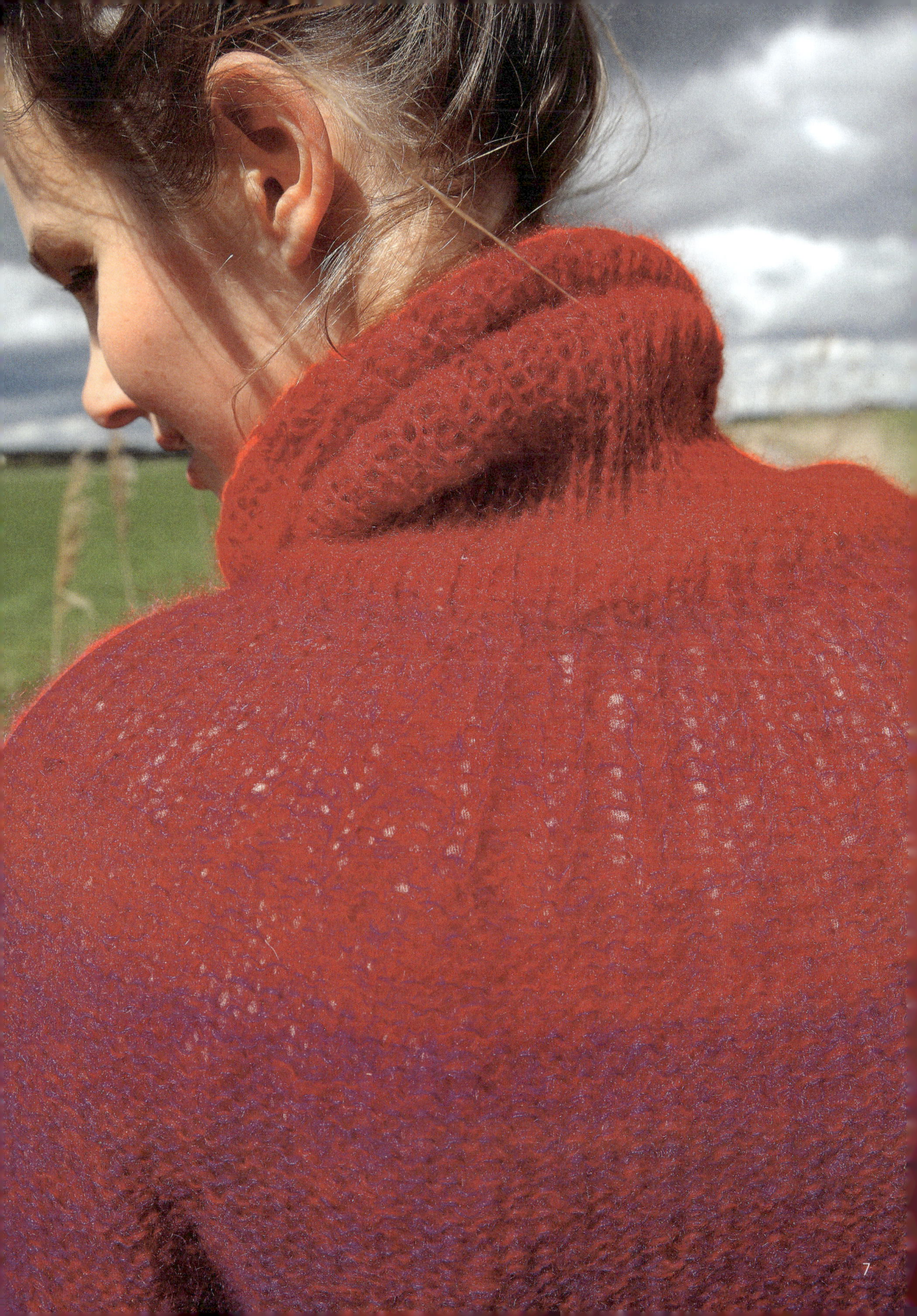

Alle sagen Norwegerpulli dazu, doch eigentlich haben diese Klassiker ihren Ursprung auf Island, den Färöer- und den Shetlandinseln. Sie werden traditionell mit Rundpasse gestrickt. Ein weiteres typisches Merkmal sind die wunderschönen Jacquardbordüren, die sich rundumlaufend dekorativ um die Schultern legen und oft nochmal vom Bund oder an den Ärmeln aufgegriffen werden. Ein tolles Konzept für gemütliche Pullover mit Wow-Faktor.

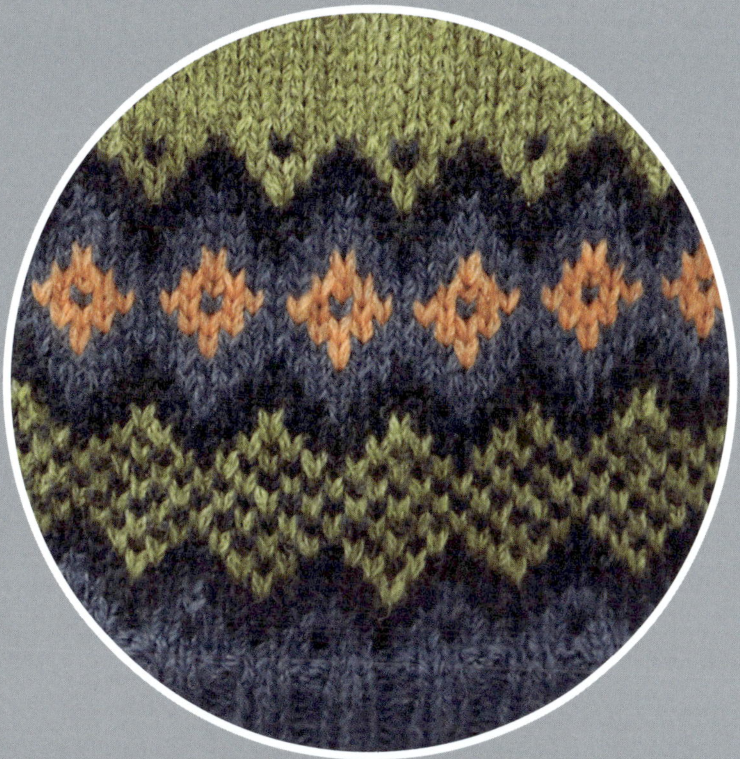

Norweger-pullover

Tradition *modern*

Der zeitlose Norwegerpulli mit Jacquardmuster, Rundpasse und Rollkragen hat alles, was den Klassiker auszeichnet, und noch ein bisschen mehr: schöne, aktuelle Farben, lässige Passform und eine Wolle, die ihn nicht nur kuschelig, sondern auch langlebig und formstabil macht.

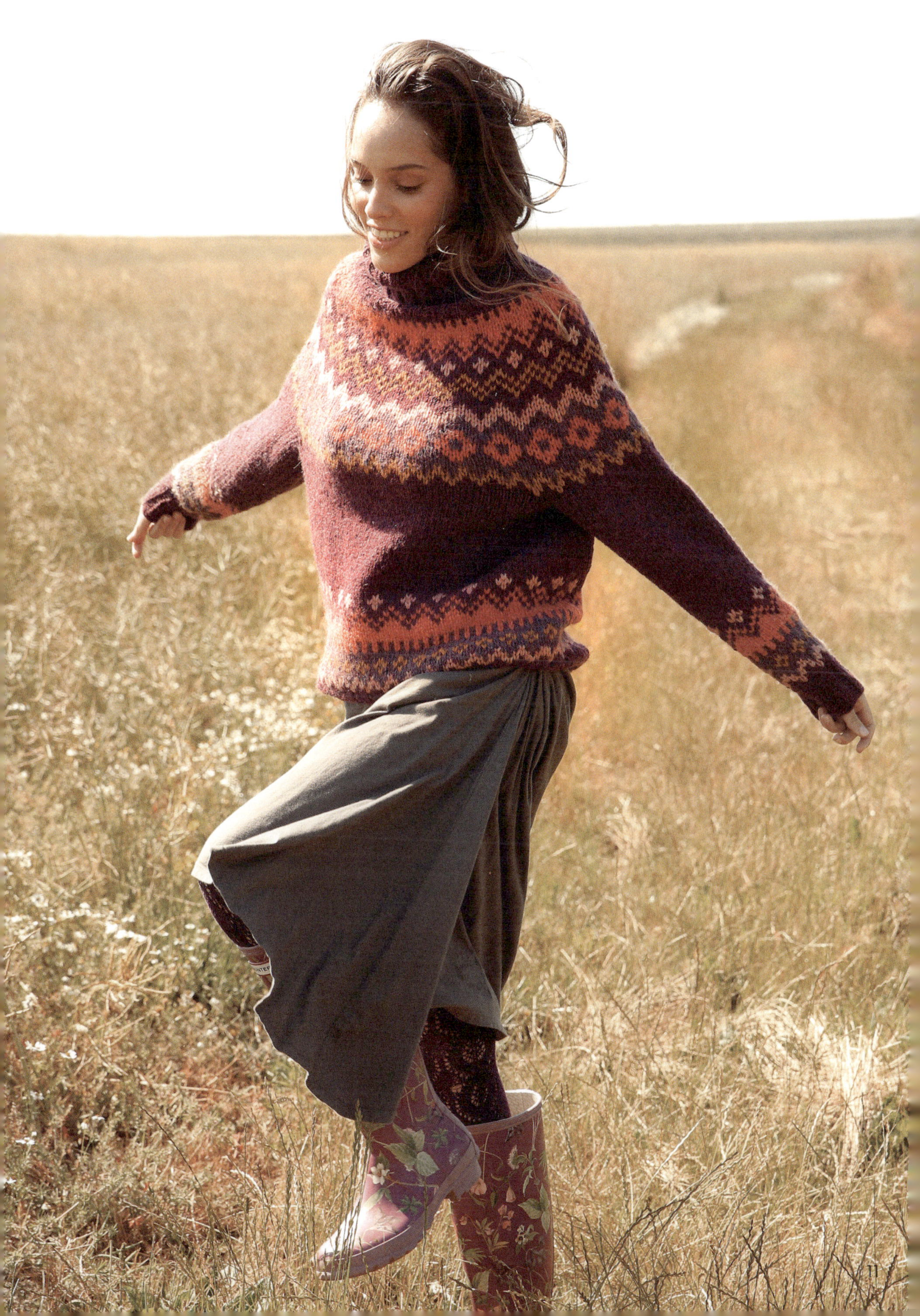

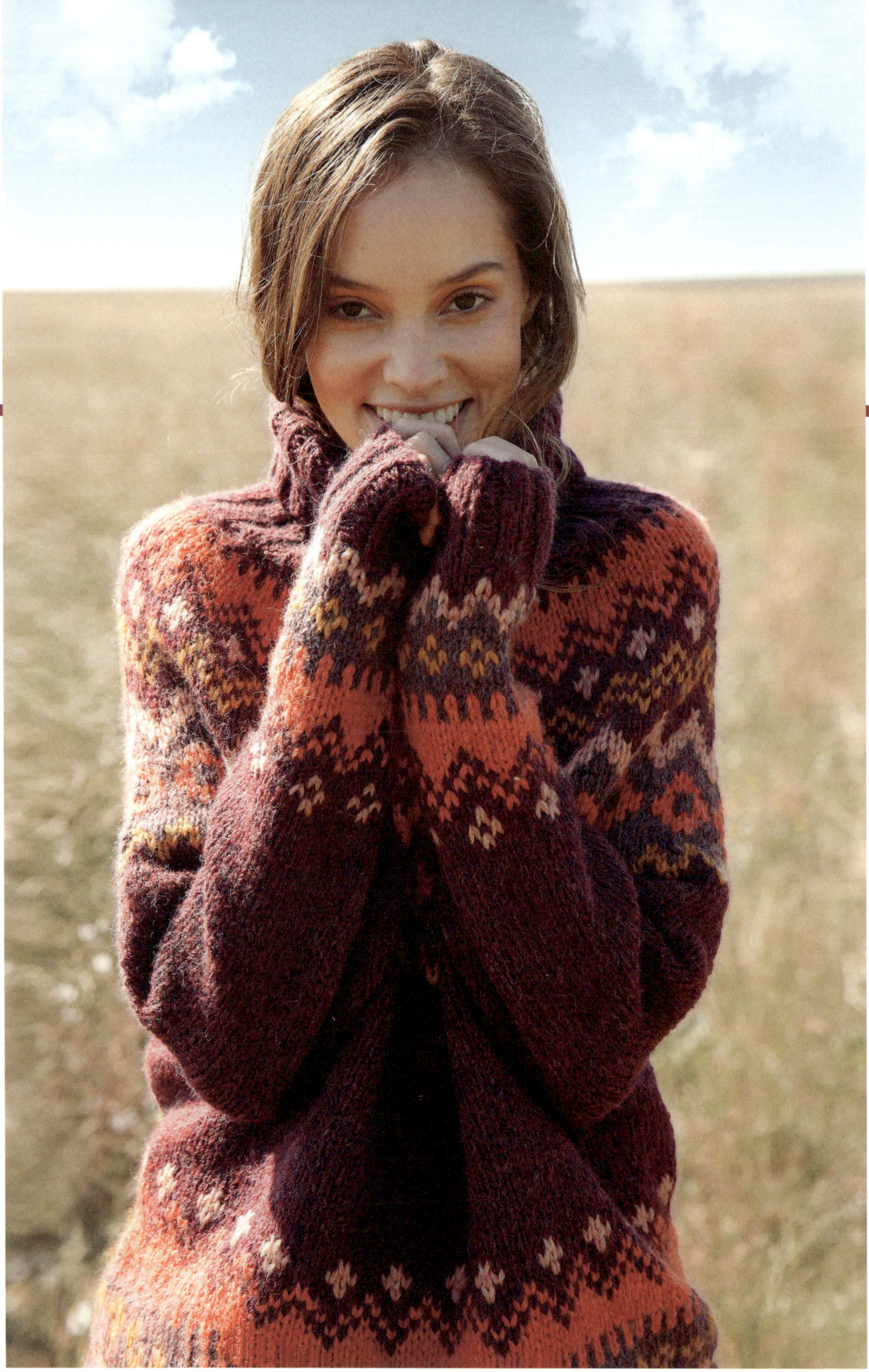

Tradition *modern*

Norwegerpullover in Rottönen

GRÖSSE

36–40 (42/44) 46/48

Die Angaben für Größe 36–40 stehen vor der Klammer, die Angaben für Größe 42/44 in der Klammer vor dem Strich, die Angaben für Größe 46/48 in der Klammer nach dem Strich. Bei nur einer Angabe gilt diese für alle Größen.

MATERIAL

ggh-Garn **TOPAS** (41 % Schurwolle, 32 % Polyacryl, 18 % Polyamid, 9 % Alpaka; Lauflänge ca. 115 m/50 g) **300 (350/400) g** in Fuchsiarot **(Fb 21)**, **je 50 (100/100) g** in Burgundersamt **(Fb 5)** und Korallrosa **(Fb 26)**, **je 50 (50/50) g** in Altrosa **(Fb 37)** und Curry **(Fb 38)**; Stricknadeln Nr. 6–7 und Nr. 7–8; Rundstricknadel Nr. 7–8 in 60, 80 und 100 cm Länge; Rundstricknadel Nr. 6–7 in 80 (100/100) cm und 40 cm Länge

MASCHENPROBE

Mit Nadeln Nr. 7–8 glatt rechts gestrickt, ergeben 14–15 M und 21 Rd = 10 x 10 cm.

Mit Nadeln Nr. 7–8 im Jacquardmuster A bzw. B gestrickt, ergeben 14–15 M und 17–18 Rd/R = 10 x 10 cm.

Gesamthöhe des Pullovers = ca. 60 (61/62) cm (ohne Rollkragen).

MUSTER

Bündchenmuster

2 M rechts, 2 M links im Wechsel stricken.

Glatt rechts

In Hinr rechte M, in Rückr linke M stricken; in Rd nur rechte M stricken.

Jacquardmuster A und B

Glatt rechts nach den Zählmustern stricken. Es ist jede Rd/R gezeichnet; 1 Kästchen = 1 M. In der Breite den entsprechenden Rapport stets wiederholen. In 2-farbigen R die Randm immer mit beiden Fäden stricken.

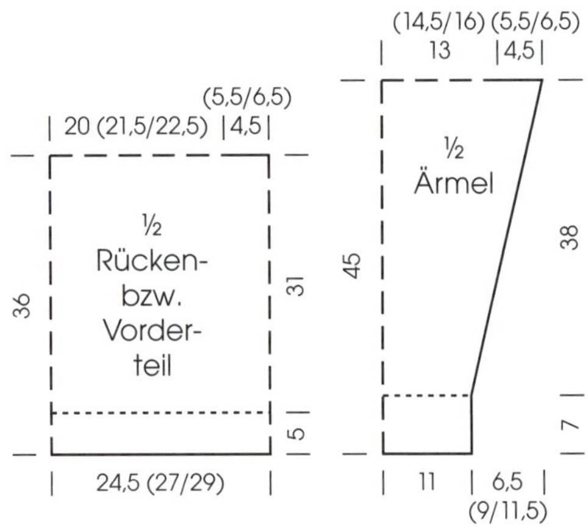

ANLEITUNG

Hinweis: Die Rundstricknadeln der Maschenzahl entsprechend einsetzen.

PULLOVER

144 (156/168) M in Fuchsiarot mit Nadeln Nr. 6–7 anschlagen und 5 cm im Bündchenmuster stricken.

Weiter mit Nadeln Nr. 7–8 glatt rechts 1 Rd in Fuchsiarot, dann im Muster A stricken. Nach den 23 Rd weiter in Fuchsiarot stricken.

In 36 cm Höhe für die Armausschnitte 13 (15/17) M abketten, 59 (63/67) M stricken, 13(15/ 17) M abketten, 59(63/67) M stricken. Dann die Arbeit stilllegen.

ÄRMEL

34 M in Fuchsiarot mit Nadeln Nr. 6–7 anschlagen und 7 cm im Bündchenmuster stricken. In der letzten Hinr 1 M zunehmen = 35 M.

Weiter mit Nadeln Nr. 7–8 und dem Faden in Fuchsiarot 1 Rückr links, 23 R Muster A, dann in Fuchsiarot arbeiten.

Dabei für die Ärmelschrägungen beidseitig in jeder 8. R 8 (2/0) x 1 M, in jeder 6. R 1 (5/3) x 1 M und in jeder 4. R 0 (6/13) x 1 M zunehmen = 53 (61/67) M.

In 45 cm Höhe für die Armausschnitte beidseitig 1 x 7 (9/10) M abketten, danach die restlichen 39(43/47) M stilllegen.

Den 2. Ärmel ebenso stricken.

Farbaufteilung und Zeichenerklärung

- ■ = 1 M in Fuchsiarot
- ■ = 1 M in Burgundersamt
- ■ = 1 M in Korallrosa
- □ = 1 M in Altrosa
- □ = 1 M in Curry
- ◢ = 2 M in der entsprechenden Farbe rechts zusammenstricken

Schema, Muster A

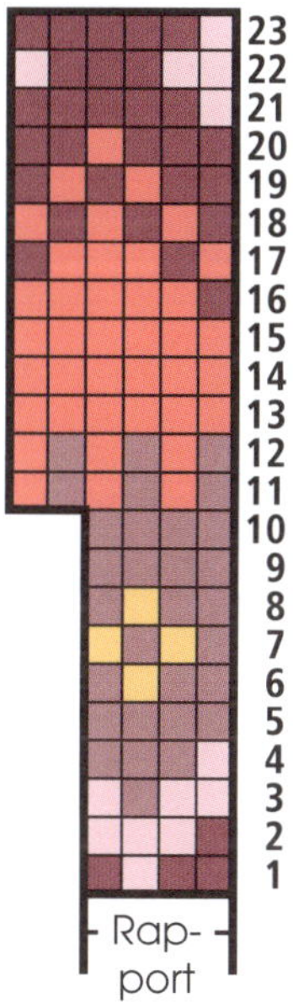

Schema, Muster B

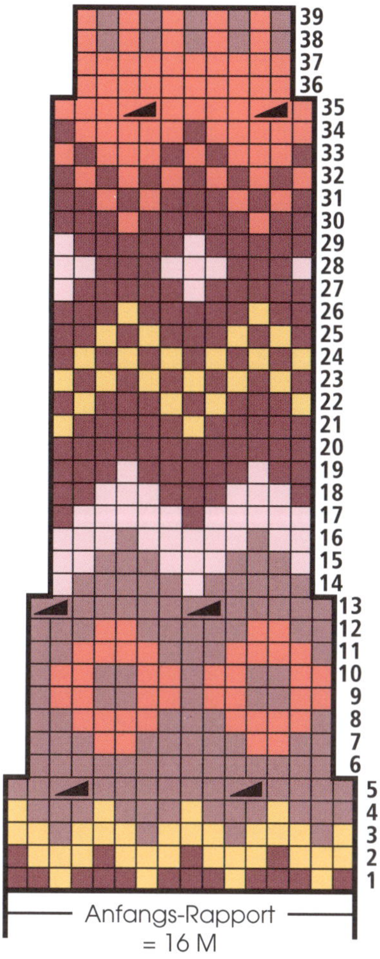

RUNDPASSE

Mit Nadeln 7–8 die M des Rückenteils, eines Ärmels, des Vorderteils und des 2. Ärmels rechts stricken, dabei an allen Übergängen je 2 M rechts zusammenstricken = 192 (208/224) M.

Nun 1 (3/5) Rd in Fuchsiarot, danach im Muster B arbeiten = 12 (13/14) x der Rapport von 16 M. Dabei wie gezeichnet M abnehmen = 120 (130/140) M nach der 35. Rd. Nach der 39. Rd noch 2 Rd in Fuchsiarot stricken, dabei in der letzten Rd 30 (32/35) x jede 3. und 4. M rechts zusammenstricken = 90(98/105) M.

Nun für den Rollkragen in Fuchsiarot mit Nadeln Nr. 6–7 im Bündchenmuster stricken, dabei in der 1. Rd verteilt 2 (6/9) M abnehmen (= je 2 M mustergemäß rechts bzw. links zusammenstricken) = 88(92/96) M.

In ca. 20 cm Kragenhöhe die M locker abketten.

ZU GUTER LETZT

Das Teil spannen und unter feuchten Tüchern trocknen lassen.

Die Armausschnittnähte schließen.

Fair Isle vom *Feinsten*

Die felsige schottische Insel Fair Isle ist bekannt für ihre Strickdesigns mit detailreichen, oft grafisch anmutenden Bordürenmustern. Hier kommen sie in neuer, spannender Farbigkeit fantastisch zur Geltung: subtile Blau-Grün-Nuancen mit einer Prise Curry – das hat Power und Pep! Gestrickt wird nach einer übersichtlichen Schemazeichnung, auch die Abnahmen für die Rundpasse sind darin eingetragen.

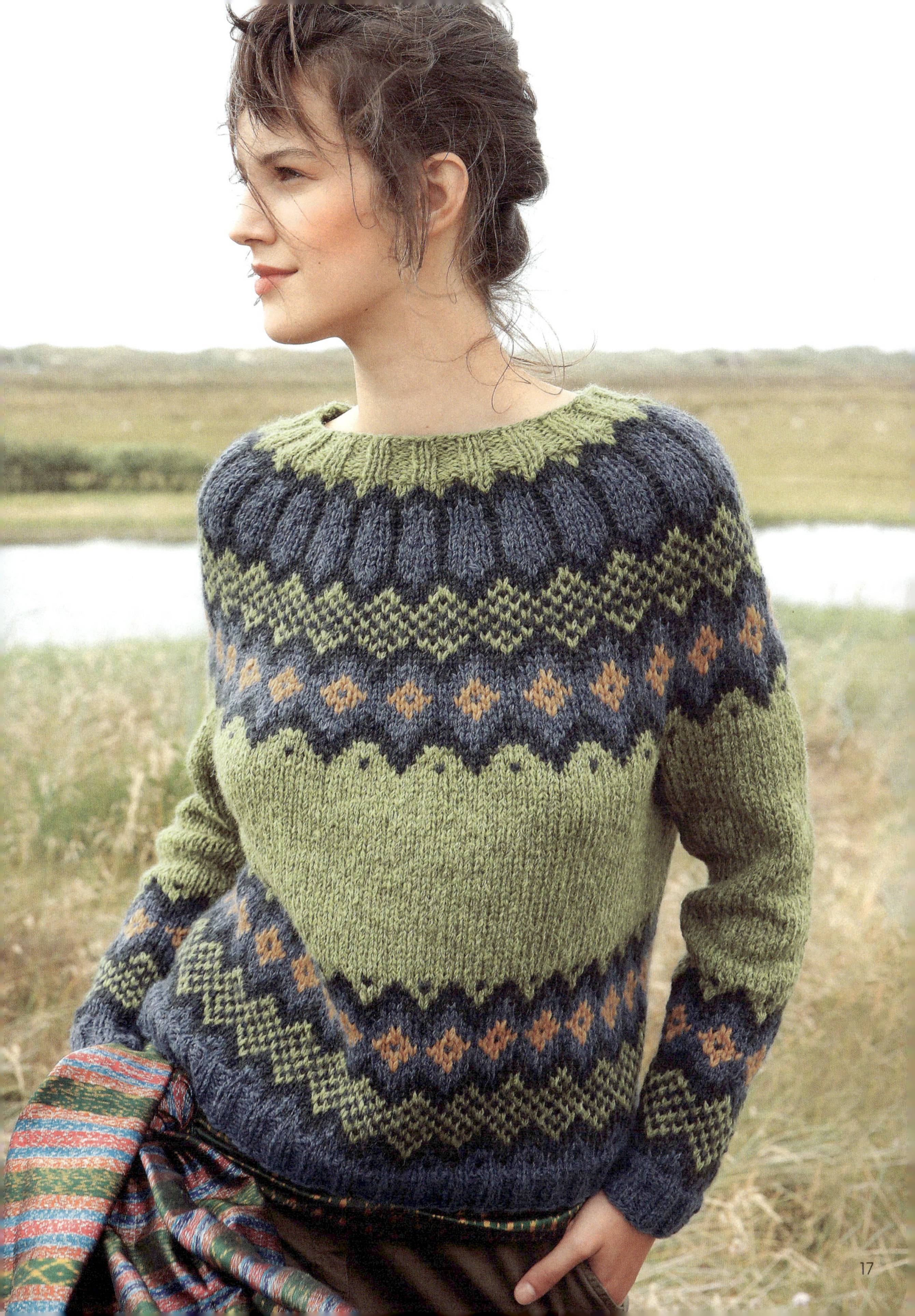

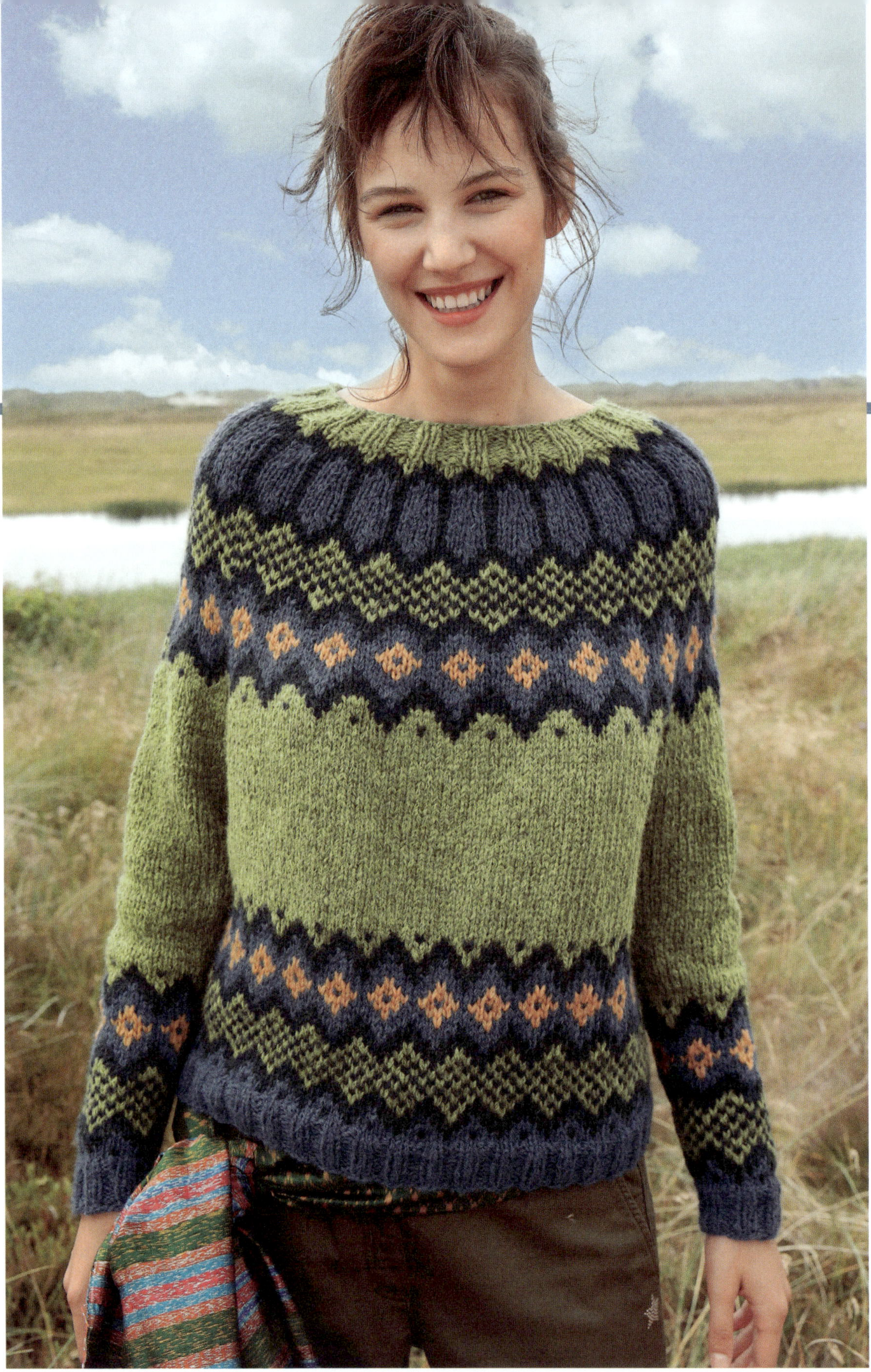

Fair Isle vom Feinsten

Norwegerpullover in Blau-Grün

GRÖSSE

36–40 (42–46) 48/50

Die Angaben für Größe 36–40 stehen vor der Klammer, die Angaben für Größe 42–46 in der Klammer vor dem Strich, die Angaben für Größe 48/50 in der Klammer nach dem Strich. Bei nur einer Angabe gilt diese für alle Größen.

MATERIAL

ggh-Garn **TOPAS** (41 % Schurwolle, 32 % Polyacryl, 18 % Polyamid, 9 % Alpaka; Lauflänge ca. 115 m/50 g) **200 (250/300) g** in Moos **(Fb 11)**, **je 100 (150/150) g** in Dunkles Glasgrün **(Fb 24)** und in Jeans **(Fb 43)**, **50 (50/50) g** in Curry **(Fb 38)**; Stricknadeln Nr. 5–6 und Nr. 6–7; Rundstricknadel Nr. 5–6 in 40 und 80 cm Länge; Rundstricknadel Nr. 6–7 in 60 und 80 cm Länge

MASCHENPROBE

Mit Nadeln Nr. 6–7 glatt rechts gestrickt, ergeben 15–16 M und 21 Rd/R = 10 x 10 cm. 26 Rd Muster A sind ca. 16 cm, 40 Rd Muster B sind ca. 22 cm hoch.
Gesamthöhe des Pullovers ohne Halsausschnittblende = ca. 59,5 (61,5/63) cm.

MUSTER

Bündchenmuster

2 M rechts, 2 M links im Wechsel stricken.

Glatt rechts

In Hinr rechte M, in Rückr linke M stricken; in Rd nur rechte M stricken.

Jacquardmuster A und B

Glatt rechts nach Schema stricken. Es ist jede Rd/R gezeichnet. In der Breite den Rapport von 6 M bzw. 8 M stets wiederholen. In R beidseitig zusätzlich je 1 Randm stricken, in 2-farbigen R immer mit beiden Fäden.

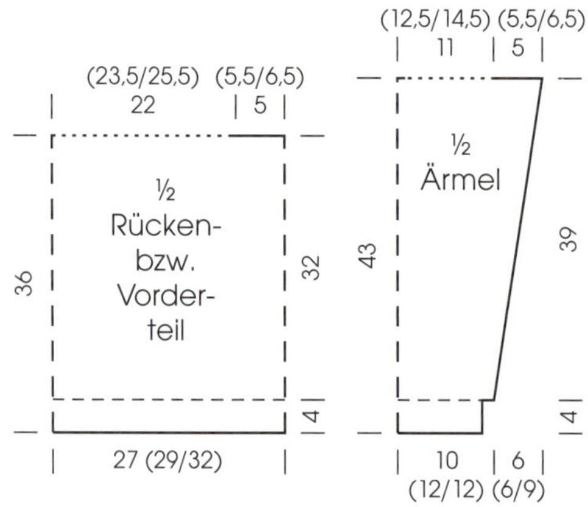

ANLEITUNG

Hinweis: Der Pullover wird bis zu den Armausschnitten in Rd ohne Seitennaht gestrickt.

RÜCKEN- UND VORDERTEIL

168 (180/196) M in Jeans mit der langen Nadel Nr. 5–6 anschlagen und 4 cm im Bündchenmuster arbeiten. In der letzten Rd nur für Größe 48/50 verteilt 2 x 1 M rechts verschränkt aus dem Querfaden stricken = 168 (180/198) M.

Weiter mit Nadel Nr. 6–7 glatt rechts 1 Rd in Jeans, dann im Muster A stricken = 28 (30/33) x der Rapport von 6 M. Nach den 26 Rd weiter in Moos stricken.

In 32 cm Höhe für die Armausschnitte 7 (8/9) M abketten, 71 (75/81) M stricken, 13 (15/18) M abketten, 71 (75/81) M stricken, 6 (7/9) M abketten. Dann die Arbeit stilllegen.

ÄRMEL

30 (34/34) M in Jeans mit Nadeln Nr. 5–6 anschlagen und 4 cm im Bündchenmuster arbeiten, dabei mit 1 Hinr enden.

Weiter mit Nadeln Nr. 6–7 zuerst 1 Rückr linke M in Jeans stricken, dabei verteilt 3 (5/5) M zunehmen (= je 1 M links verschränkt aus dem Querfaden stricken) = 33 (39/39) M.

Dann im Muster A stricken; dafür nach der Randm 5 (6/6) x den Rapport von 6 M stricken und mit der 1. M des Rapports, Randm enden.

Nach den 26 R weiter in Moos arbeiten. Zugleich für die Ärmelschrägungen beidseitig nach 2 R ab Bündchen 1 x 1 M, dann in jeder 8. R 8 x 1 M (in jeder 8. R 8 x 1 M/in jeder 6. R 8 x 1 M und in jeder 4. R 5 x 1 M) zunehmen = 51 (57/67) M.

In 43 cm Höhe für die Armausschnitte beidseitig 1 x 7 (8/10) M abketten, dann die restlichen 37 (41/47) M stilllegen.

Den 2. Ärmel ebenso stricken.

Farbaufteilung
und Zeichenerklärung

- ■ = 1 M in Jeans
- ■ = 1 M in Dunkles Glasgrün
- ■ = 1 M in Moos
- ■ = 1 M in Curry
- ◢ = in der entsprechenden Farbe 2 M rechts zusammenstricken
- ◣ = in der entsprechenden Farbe 1 Überzug (= 1 M rechts abheben, 1 M rechts stricken und die abgehobene M überziehen)

Schema, Muster A

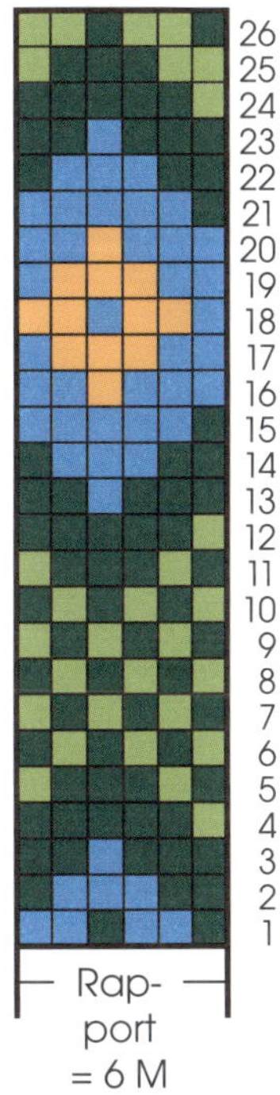

Schema, Muster B

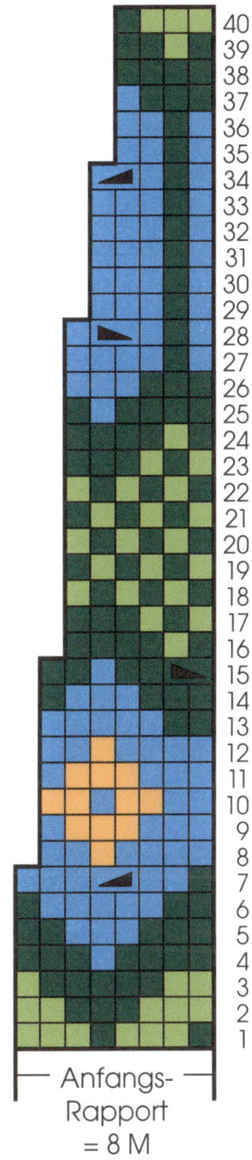

RUNDPASSE

Die Rundstricknadel Nr. 6–7 der Maschenzahl entsprechend einsetzen.
Nacheinander die M des Rückenteils, eines Ärmels, des Vorderteils und des 2. Ärmels stricken, dabei an den Übergängen je 3 M rechts zusammenstricken = 208(224/248) M.
Noch 1 (5/9) Rd in Moos arbeiten, dabei nur für Größe 48/50 in der 8. Rd verteilt 8 x 2 M rechts zusammenstricken = 208 (224/240) M.
Dann im Muster B fortfahren = 26 (28/30) x der Rapport von 8 M. Nach der 34. Muster-Rd sind noch 104 (112/120) M auf der Nadel.
Nach der 40. Muster-Rd in Moos noch 1 Rd rechte M stricken.
Nun für die Halsausschnittblende in Moos mit der kurzen Nadel Nr. 5–6 im Bündchenmuster arbeiten, dabei in der 1. Rd gleichmäßig verteilt 24 (28/32) x 2 M mustergemäß zusammenstricken = 80(84/88) M.
In 4 cm Bündchenhöhe die M abketten.

ZU GUTER LETZT

Das Teil spannen und unter feuchten Tüchern trocknen lassen.
Die Ärmel- und Armausschnittnähte schließen.

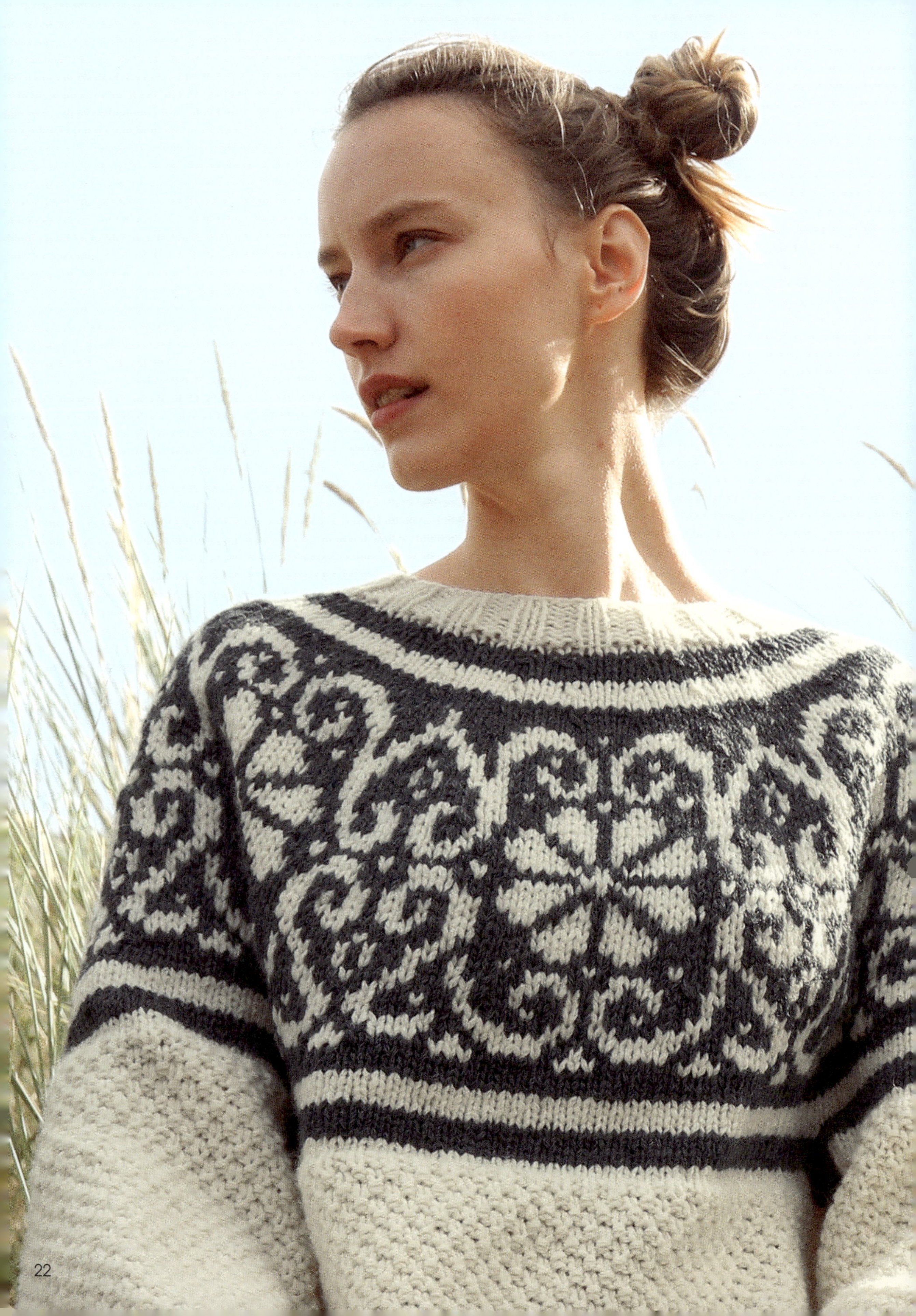

Auf der Passe dieses Norwegerpullovers werden dekorative Blüten üppig umrankt, klar abgesetzt durch plakative Streifen. Dem unteren Part von Vorder-, Rückenteil und Ärmeln verleiht das große Perlmuster eine kernige Struktur. Modisch-aktuelles Detail: die glockigen Ärmel, die durch Rippenbündchen an den Handgelenken gerafft werden.

Nordische *Blüten*

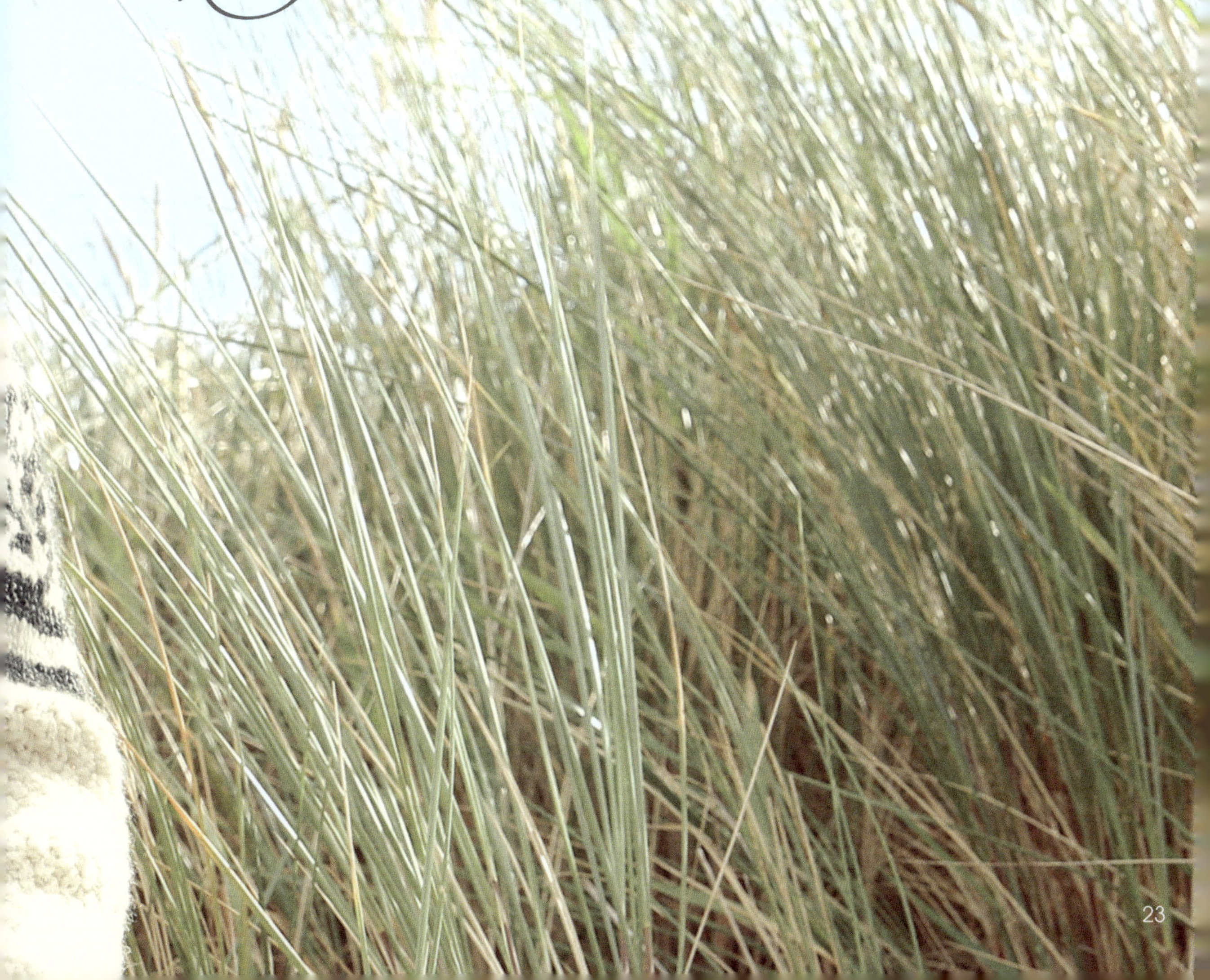

Nordische Blüten

Norwegerpullover in Grau-Weiß

GRÖSSE

36/38 (44/46)

Die Angaben für Größe 36/38 stehen vor der Klammer, die Angaben für Größe 44/46 in der Klammer. Bei nur einer Angabe gilt diese für beide Größen.

MATERIAL

ggh-Garn **TOPAS** (41 % Schurwolle, 32 % Polyacryl, 18 % Polyamid, 9 % Alpaka; Lauflänge ca. 115 m/50 g) **200 (300) g** in Dunkelgrau **(Fb 44)**, **300 (400) g** in Wollweiß **(Fb 16)**; Rundstricknadel Nr. 5–5,5 in 40 und 80 cm Länge; Rundstricknadel Nr. 5,5–6 in 40, 60 und 80 cm Länge

MASCHENPROBE

Mit Nadeln Nr. 5,5–6 glatt rechts gestrickt, ergeben 15 M und 20 Rd = 10 x 10 cm. 1 Rapport der Passe ist 24 cm breit.

MUSTER

Bündchenmuster

2 M rechts, 2 M links im Wechsel stricken.

Glatt rechts

In Rd alle M rechts stricken.

Perlmuster

1.–2. Rd: 1 M rechts und 1 M links im Wechsel stricken.

3.–4. Rd: 1 M links und 1 M rechts im Wechsel stricken.

Die 1.–4. Rd fortlaufend wiederholen.

Jacquardmuster

Nach Zählmuster arbeiten. Es ist jede Rd gezeichnet.

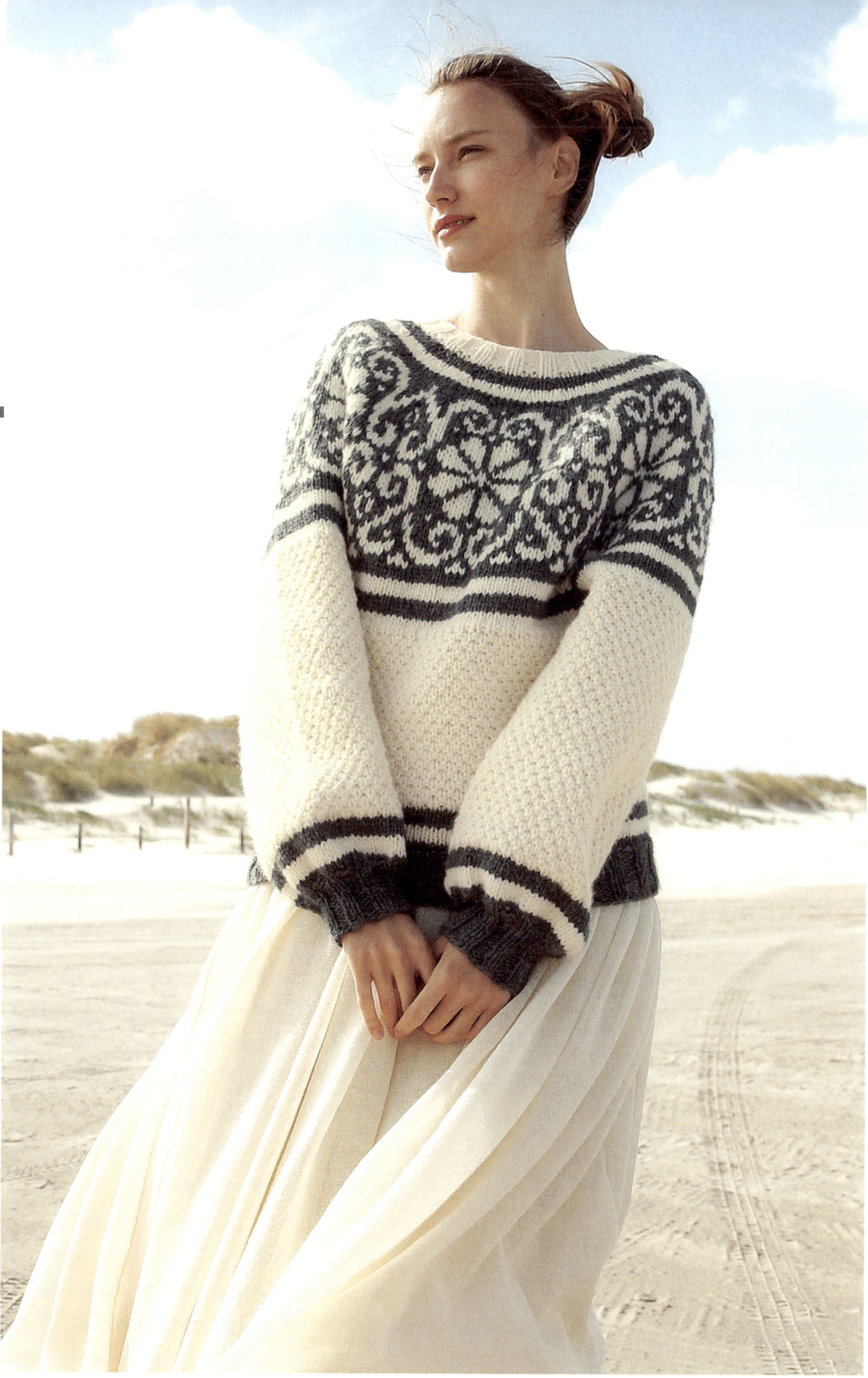

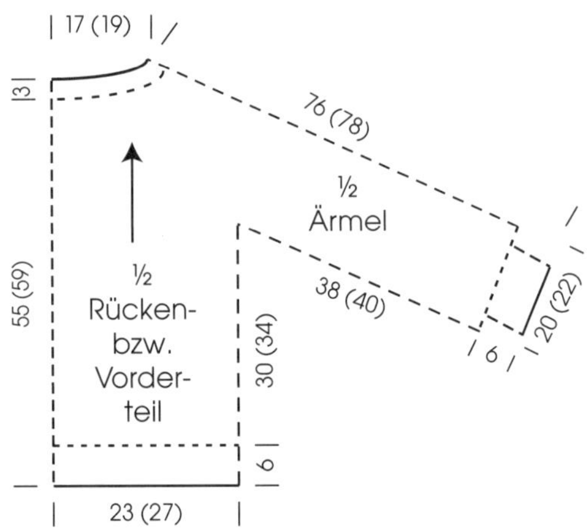

ANLEITUNG

Hinweis: Der Pullover wird bis zu den Armausschnitten in Rd ohne Seitennaht gestrickt. Die Rundstricknadeln der Maschenzahl entsprechend einsetzen.

RÜCKEN- UND VORDERTEIL

Mit Nadel Nr. 5–5,5 in Dunkelgrau 120 (144) M anschlagen und zur Rd schließen. Den Rd-Übergang markieren.

Nun 15 Rd = 6 cm im Bündchenmuster arbeiten. Danach wechseln zu Nadel Nr. 5,5–6 und glatt rechts stricken. In der 1. Rd nach dem Bündchen verteilt 20 M verschränkt aus dem Querfaden zunehmen = 140 (164) M.

Dann zunächst 2 Rd Dunkelgrau, 4 Rd Wollweiß und 4 Rd Dunkelgrau stricken und weiter in Wollweiß im Perlmuster arbeiten.

In 30 (34) cm Höhe ab Bund 2 Rd glatt rechts in Wollweiß und 4 Rd glatt rechts in Dunkelgrau stricken. In der letzten Rd die M wie folgt abstricken: 6 M abketten, 59 (71) M in Dunkelgrau, 11 M abketten, 59 (71) M in Dunkelgrau, 5 M abketten. Die Arbeit stilllegen.

ÄRMEL

Mit Nadel Nr. 5–5,5 in Dunkelgrau 32 (36) M anschlagen und zur Rd schließen.

Das Bündchen, die glatt rechts gestrickten Streifen und später das Perlmuster wie beim Vorder- und Rückenteil arbeiten. Dabei in der 1. Rd nach dem Bündchen die Maschenzahl verdoppeln (für Gr. 44/46 nur 34 M verdoppeln), indem aus jeder M 2 M herausgestrickt werden = 64 (70) M.

In 44 (46) cm Gesamthöhe die folgende Rd wie folgt arbeiten: 6 M abketten, 53 (59) M im Perlmuster stricken, 5 M abketten. Dann die M stilllegen.

Zählmuster für Jacquard-Passe

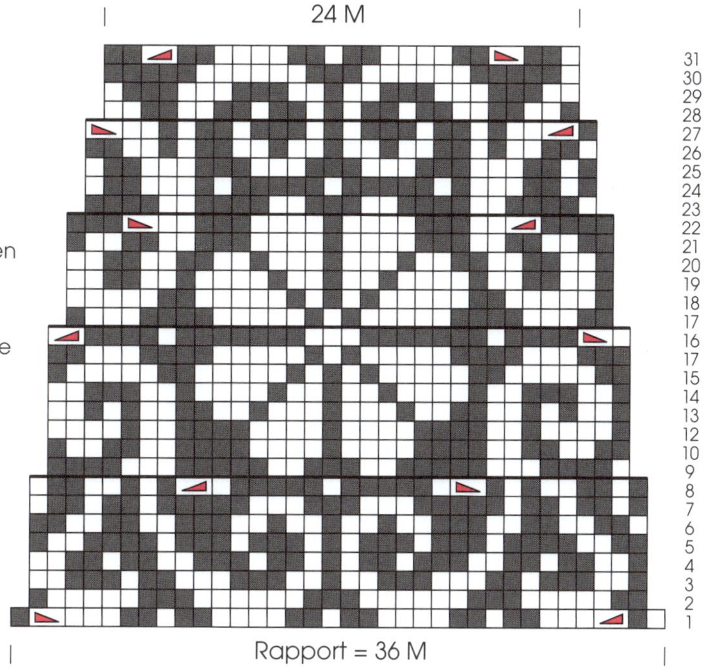

Zeichenerklärung

☐ = 1 M und 1 Rd in Wollweiß

■ = 1 M und 1 Rd in Dunkelgrau

= 2 M rechts zusammenstricken

= 1 Überzug (= 1 M abheben, 1 M rechts stricken, dann die abgehobene M über die gestrickte M ziehen)

PASSE

Alle 224 (260) M auf die 120 cm lange Rundstricknadel nehmen und, sofern es die Maschenzahl erlaubt, zur nächst kürzeren Länge wechseln: 53 (59) M Ärmel, 59 (71) M Vorderteil, 53 (59) M Ärmel, 59 (71) M Vorderteil.

Weiter in Rd arbeiten. Zunächst 4 Rd in Wollweiß und 3 Rd in Dunkelgrau glatt rechts stricken, dabei in der ersten Rd an den Übergängen jeweils 3 M zusammenstricken = 216 (252) M. Die nächste Rd wie folgt arbeiten und dabei Rundenbeginn markieren: 2 M Wollweiß, *6 M Dunkelgrau, 3 M Wollweiß, ab * stets wdh und mit 1 M Wollweiß die Rd beenden.

Dann nach Schema arbeiten und 1 x die 1.–31. Rd stricken. In der Rd werden 6 (7) Rapporte gestrickt. Nach der 31. Rd sind noch 144 (168) M auf der Nadel.

Noch 4 Rd Dunkelgrau, 4 Rd Wollweiß und 4 Rd Dunkelgrau glatt rechts stricken, dabei in jeder 4. Rd 24 (28) M abnehmen. Dazu die M in 12 (14) Segmente einteilen und 12 (14) x *2 M rechts zusammenstricken, 3 M rechts, 1 Überzug (= 1 M abheben, 1 M rechts stricken, dann die abgehobene M über die gestrickte M ziehen), bis vor das folgende Segment rechte M stricken * = 72 (84) M.

Noch 2 Rd in Wollweiß über 72 (84) M arbeiten, dann wechseln zu Nadel Nr. 5–5,5 und in Wollweiß 8 Rd im Bündchenmuster stricken, dann alle M abketten.

ZU GUTER LETZT

Die kleine Naht unter dem Arm schließen.

Feuerrot & *Tiefschwarz*

Der klare Farbkontrast bringt die grafischen Bordürenmuster dieses Norwegerpullovers so richtig zum Leuchten! Dynamische Zackenmuster, Rauten und Sternchen legen sich in der breiten Schulterpartie rund um das von unten nach oben gestrickte Design und setzen sich über Vorderteil, Ärmel und Rücken ohne Unterbrechung fort.

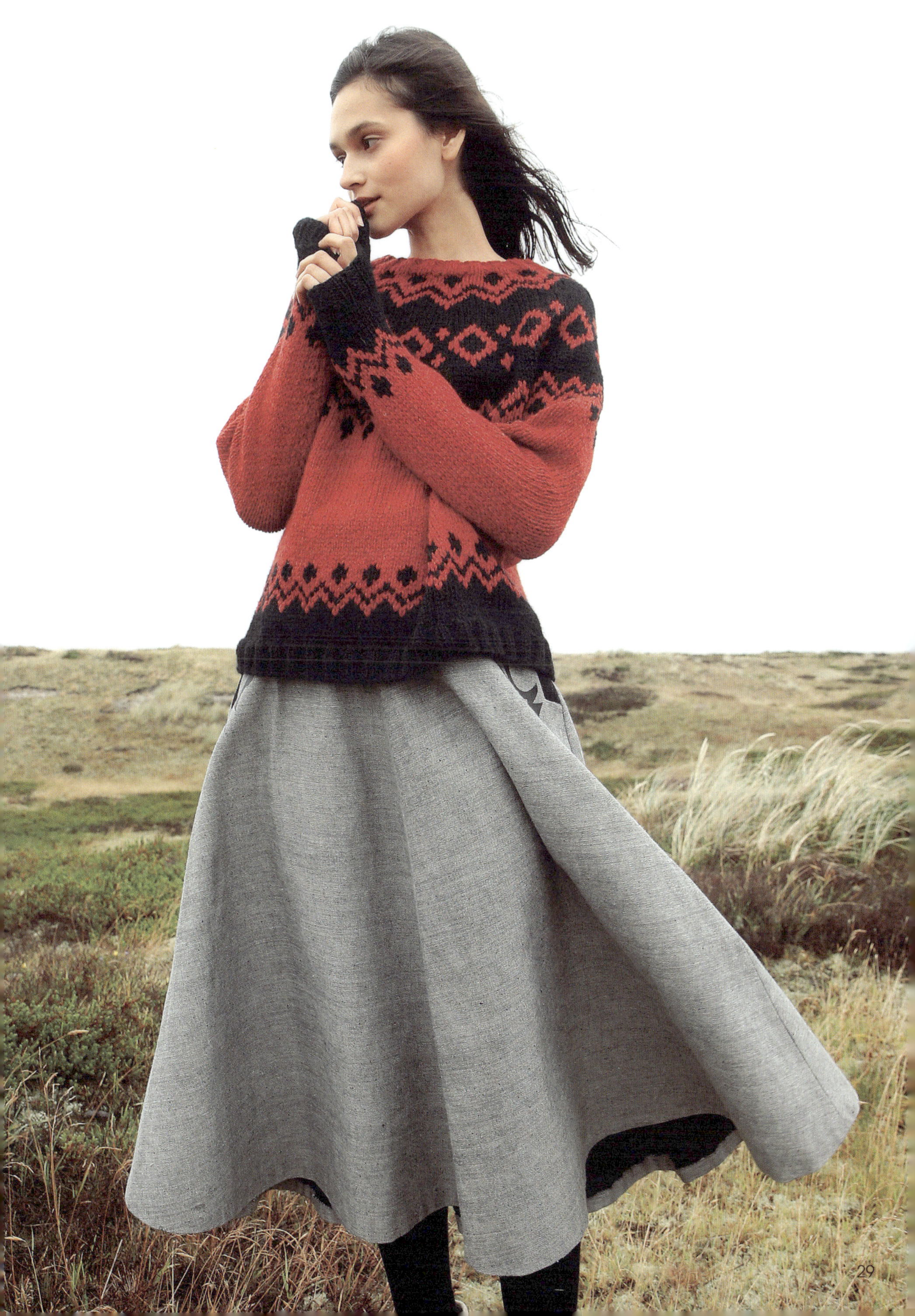

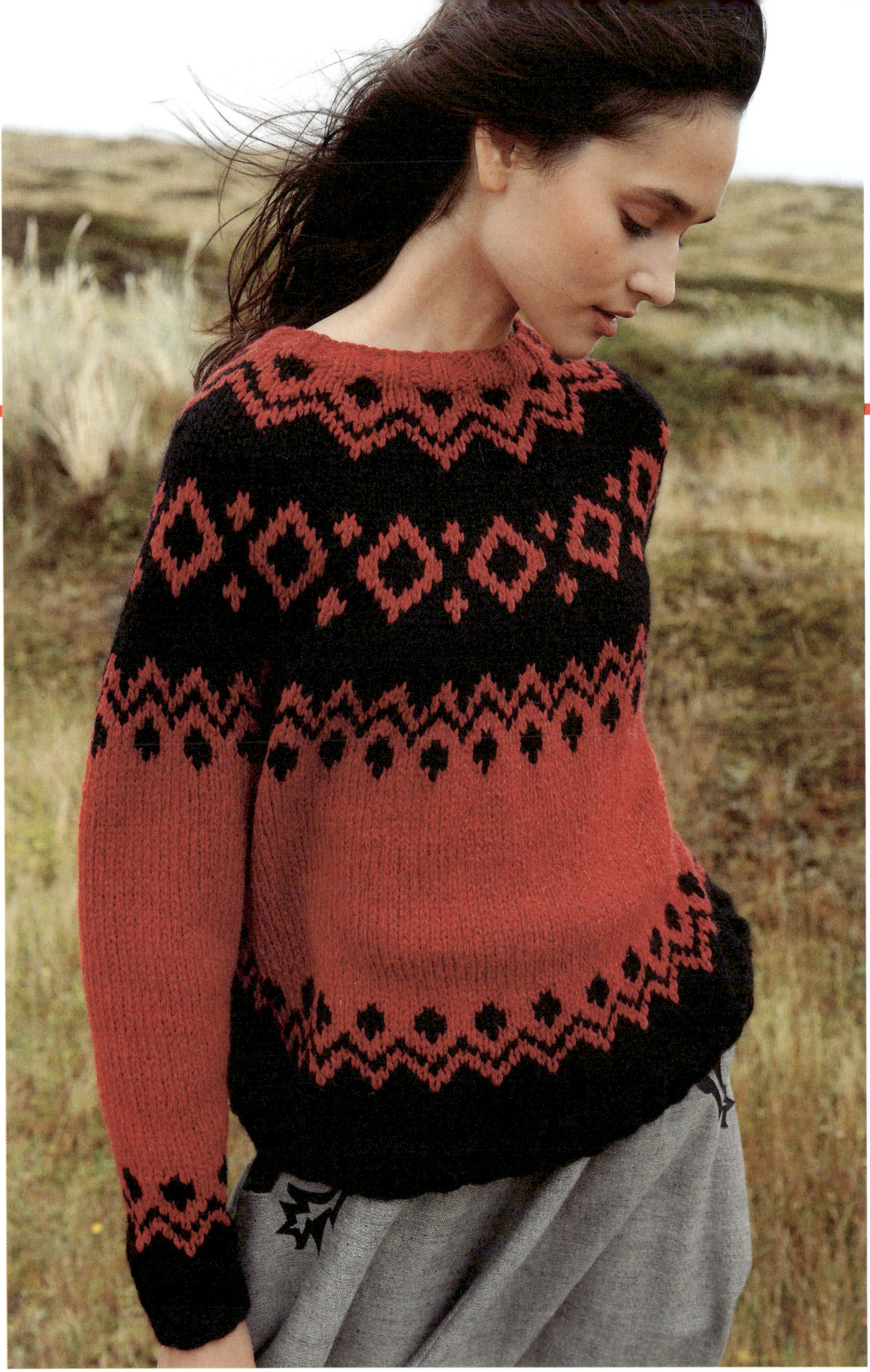

Feuerrot & Tiefschwarz

Norwegerpullover mit grafischen Mustern

GRÖSSE

36/38 (40/42) 44/46

Die Angaben für Größe 36/38 stehen vor der Klammer, die Angaben für Größe 40/42 in der Klammer vor dem Strich, die Angaben für Größe 44/46 in der Klammer nach dem Strich. Bei nur einer Angabe gilt diese für alle Größen.

MATERIAL

ggh-Garn **TOPAS** (41 % Schurwolle, 32 % Polyacryl, 18 % Polyamid, 9 % Alpaka; Lauflänge ca. 115 m/50 g) **200 (250/250) g** in Schwarz **(Fb 3)**, **250 (300/350) g** in Warmrot **(Fb 45)**; Stricknadeln Nr. 5,5–6 und Nr. 5–5,5; Rundstricknadel Nr. 5,5–6 in 80 cm Länge; Rundstricknadel Nr. 5–5,5 in 40 cm Länge

MASCHENPROBE

Mit Nadeln Nr. 5,5–6 glatt rechts gestrickt, ergeben 15 M und 20 R = 10 x 10 cm.

MUSTER

Bündchenmuster

2 M rechts, 2 M links im Wechsel stricken.

Glatt rechts

In Hinr rechte M, in Rückr linke M stricken; in Rd alle M rechts stricken.

Jacquardmuster

Siehe Schema. Es sind alle R/Rd angegeben. Jedes Kästchen stellt 1 M und 1 R oder Rd dar.

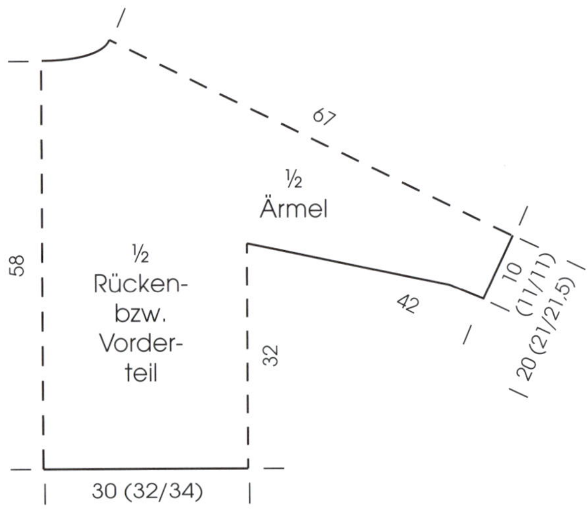

ANLEITUNG

Der Pullover wird bis zu den Armausschnitten in Rd ohne Seitennaht gestrickt. Die Rundstricknadeln der Maschenzahl entsprechend einsetzen.

RÜCKENTEIL UND VORDERTEIL

Mit Rundstricknadel Nr. 5–5,5 und dem Faden in Schwarz 180 (192/204) M anschlagen und 9 Rd im Bündchenmuster arbeiten. M zur Runde schließen und in Runden stricken.

Danach zu Rundstricknadel Nr. 5,5–6 wechseln und glatt rechts nach Schema die 1. - 52. Rd stricken, dabei in der 1. Rd gleichmässig verteilt 0 (6 M zun/ 6 M abn) = 180 (198/198) M. In der 21. Rd 0 (6 M abn/6 M zun) = 180 (192 /204) M. In der 52. Rd wie folgt arbeiten: 4 M abketten, 81 (87/93) M stricken, 9 M abketten, 81 (87/93) M stricken, 5 M abketten. Für Vorder- und Rückenteil je 81 (87/93) M stilllegen.

ÄRMEL

Mit Nadeln Nr. 5–5,5 und dem Faden in Schwarz 30 (34/34) M anschlagen und in der Rückr mit 2 M links beginnen und mit 2 M links enden. 8 R im Bündchenmuster stricken.

Danach wechseln zu Nadeln Nr. 5,5–6 und glatt rechts stricken, dabei in der 1. R verteilt 7 (3/3) M zunehmen = 37 M. Zwischen den Randm nach Schema 1 x die 1.–20. R arbeiten. Dabei die M so einteilen, dass 2 x der Rapport von 18 M gestrickt wird und als Endm 1 x die 1. M.

Weiter mit Rot arbeiten und für die Ärmelschrägung beidseitig 11 (12/14) x in jeder 6. (6./4.) R neben den Randm 1 M zunehmen, indem 1 M aus dem Querfaden gestrickt wird. Für Gr. 40/42 1 x zusätzlich an nur einem Rand 1 M zunehmen = 59 (62/65) M.

In einer Gesamthöhe von 42 cm beidseitig 5 M abketten = 49(52/55) M. Die M stilllegen.

Den 2. Ärmel ebenso stricken.

RUNDPASSE

Nacheinander das Rückenteil, einen Ärmel, das Vorderteil und den zweiten Ärmel auf eine Rundstricknadel stricken = 260 (278/296) M.

Weiter ab der 53. Rd nach Schema arbeiten, dabei an den Übergängen der Teile immer 3 M rechts zusammenstricken = 252 (270/288) M. Weiter nach Schema die 54–99. Rd stricken. Bei Bedarf auf die kürzere Rundstricknadel wechseln. Den Rapport von 18 M 14 (15/16) x wiederholen. Nach der 99. Rd sind 84 (90/96) M auf der Nadel. Für Gr. 40/42 und 44/46 zusätzlich 2 weitere Rd in Rot stricken, dabei verteilt 2 (8) x 2 M zusammenstricken = 88 M.

Zum Abschluss mit Rundstricknadel Nr. 5–5,5 und dem Faden in Rot 5 Rd im Bündchenmuster stricken, dann alle M locker abketten.

ZU GUTER LETZT

Die Ärmelnähte schließen.

Schema für das Jacquardmuster

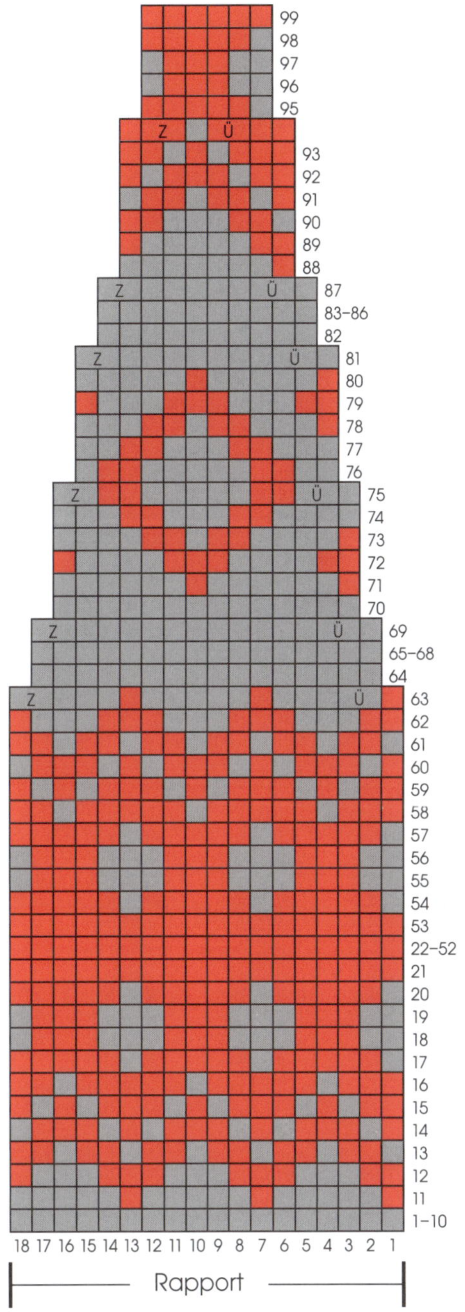

Farbaufteilung

- = 1 M und 1 R oder Rd in Schwarz
- = 1 M und 1 R oder Rd in Rot
- Z = 2 M rechts zusammenstricken
- Ü = 1 Überzug (= 1 M abheben, 1 M rechts stricken, dann die abgehobene M über die gestrickte M ziehen)

Rippen, Perlmuster, Ajourzacken oder plastische Zöpfe – bei einfarbigen Pullovern haben ausdrucksstarke Strukturen ihren großen Auftritt. Sie verleihen dem Maschenbild Charakter und sorgen für Abwechslung und entspannende Konzentration beim Stricken: Wer die Gedanken ganz auf das Muster lenkt, vergisst Alltagssorgen und Stress. Darüber hinaus sehen Muster bei Rundpassenpullis phänomenal aus, da sie sich dank in einem Stück gestrickter Schulterpartie ohne Unterbrechung rundum legen. Die ausgeklügelten Designs integrieren die Zu- oder Abnahmen für die Rundung geschickt im Musterverlauf.

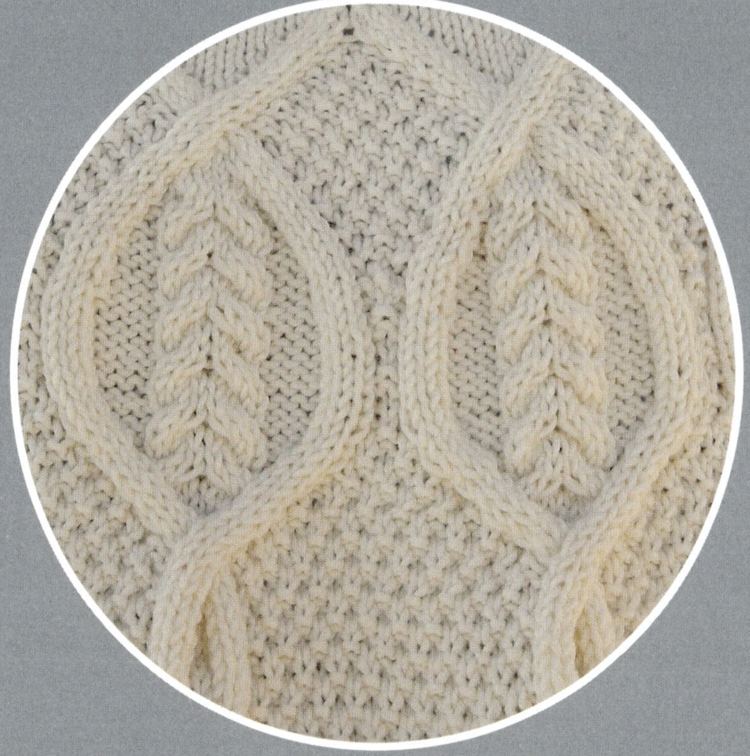

Muster-maschen

Rechts-Links-*Relief*

Nur mit einfachen rechten und linken Maschen wird das abwechslungsreiche Maschenbild für diesen von oben nach unten gestrickten Rundpassenpulli genadelt. Es geht los mit Rippen für den Rollkragen, die Zunahmen für die Passe lassen diese dekorativ auseinanderrücken, ein paar krause Reihen markieren den Übergang zur Grundfläche im großen Perlmuster, den Abschluss bilden wiederum Rippenbündchen. Das ist strickleicht und musterstark!

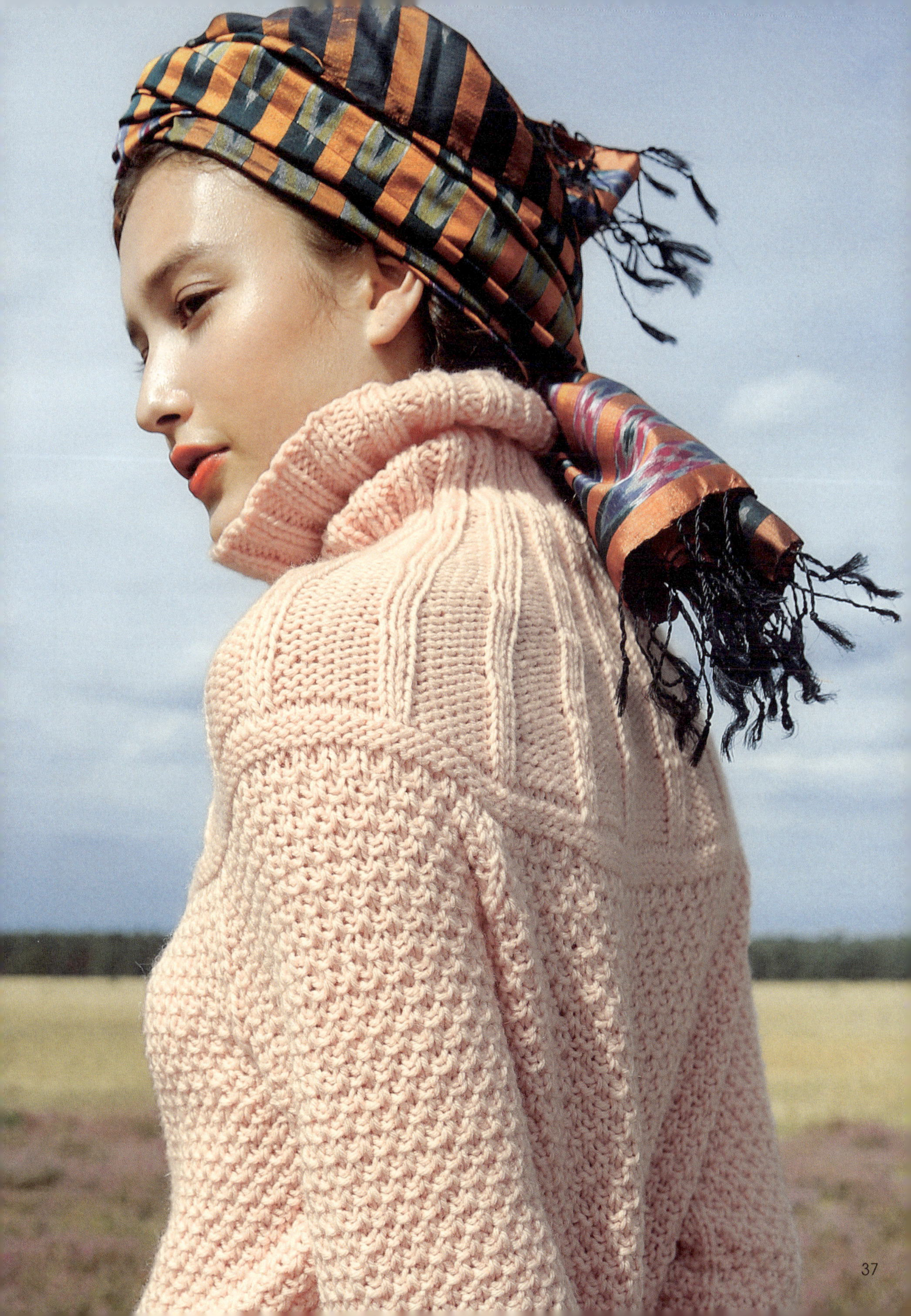

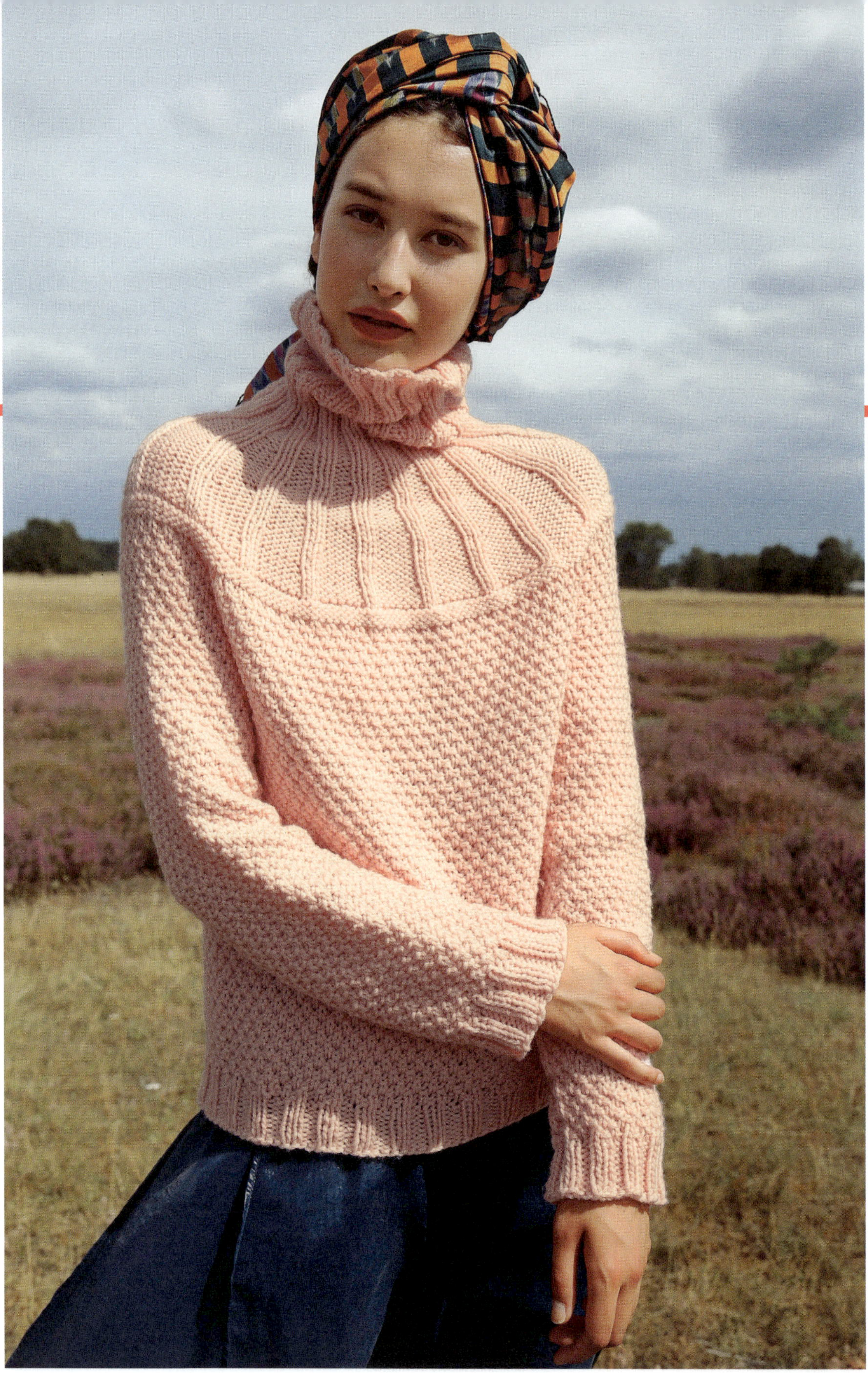

Rechts-Links-Relief

Von oben nach unten gestrickter Rollkragenpullover

GRÖSSE

36/38 (40/42) 44/46

Die Angaben für Größe 36/38 stehen vor der Klammer, die Angaben für Größe 40/42 in der Klammer vor dem Strich, die Angaben für Größe 44/46 in der Klammer nach dem Strich. Bei nur einer Angabe gilt diese für alle Größen.

MATERIAL

ggh-Garn **SPORTLIFE** (100% Schurwolle; Lauflänge ca. 80 m/50 g) **600 (700/800) g** in Rosé **(Fb 47)**; Nadelspiel Nr. 4–5; Rundstricknadel Nr. 4–5 in 40, 60 und 80 cm Länge

MASCHENPROBE

Mit Nadeln 4–5 im großen Perlmuster gestrickt, ergeben 15 M und 28 Rd = 10 x 10 cm.

MUSTER

Bündchenmuster 2:2 in Runden

2 M rechts, 2 M links im Wechsel stricken.

Großes Perlmuster in Runden

1.–2. Rd: 1 M rechts und 1 M links im Wechsel stricken.

3.–4. Rd: 1 M links und 1 M rechts im Wechsel stricken.

Die 1.–4. Rd fortlaufend wiederholen.

ANLEITUNG

Hinweis: Der Pullover wird von oben nach unten in Rd und ohne Nähte gestrickt.

ROLLKRAGEN

72 (80/88) M anschlagen und auf das Nadelspiel verteilen. Die M zur Rd schließen und 20 cm im Bündchenmuster stricken. Danach mit der Passe beginnen. Bei entsprechender Maschenzahl zu den Rundnadeln wechseln und die Kabellänge der zunehmenden Maschenzahl anpassen.

PASSE

1. Rd: 2 M rechts, 1 Umschlag, 2 M links fortlaufend wiederholen = 90 (100/110) M. Die Umschläge in der folgenden Rd links abstricken.
* In der folgenden 5. Rd vor jeder Rechtsrippe 1 Umschlag arbeiten, alle anderen M links stricken = 108 (120/132) M. In der folgenden 5. Rd nach jeder Rechtsrippe 1 Umschlag arbeiten, alle anderen M links stricken stricken = 126(140/154) M. *

Den Vorgang von * bis * noch 1 x wiederholen = 162 (180/198) M.
In den folgenden 3 Rd die M stricken, wie sie erscheinen = 2 M rechts, 7 M links. Anschließend 1 Rd rechte M, 3 Rd linke M und 1 Rd rechte M stricken.

RAGLANSCHRÄGUNGEN

Nun für die Raglanschrägungen die M neu einteilen: 49 (56/63) M Rückenteil, 1 M für die Raglanschrägung, 29 (31/33) M Ärmel, 1 M für die Raglanschrägung, 51 (58/65) M Vorderteil, 1 M für die Raglanschrägung, 29 (31/33) M Ärmel, 1 M für die Raglanschrägung.

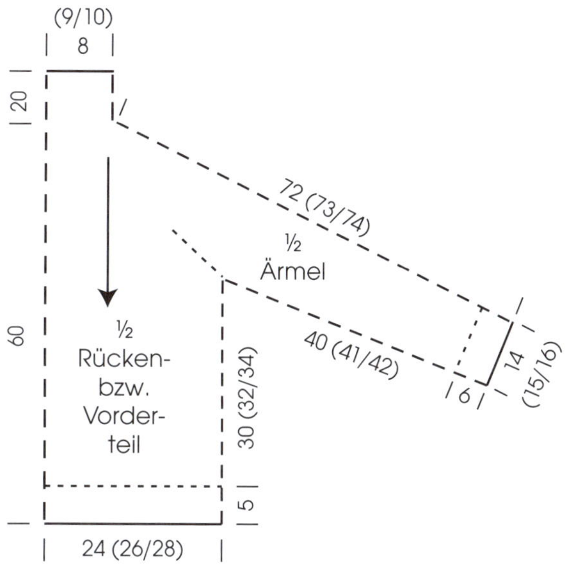

Die Raglanm markieren. Weiter im großen Perlmuster in Rd stricken und die Raglanm immer rechts stricken. In der 1., 7. und 13. Rd jeweils vor und nach den Raglanm 1 Umschlag auf die Nadel nehmen, diese in der folgenden Rd verschränkt abstricken und ins Muster einordnen = 186 (204/222) M. Zunächst das Vorder- und Rückenteil beenden und die M der Ärmel stilllegen.

VORDER- UND RÜCKENTEIL

Die 57 (64/71) M vom Vorderteil und die 55 (62/69) M vom Rückenteil auf eine Nadel nehmen und zwischen den Teilen 15 (16/17) M neu anschlagen = 142 (158/174) M.

Die M zur Rd schließen, dann weiter 30 (32/34) cm im Perlmuster und als Abschluss noch 5 cm im Bündchenmuster stricken. Danach alle M locker abketten.

ÄRMEL

Die stillgelegten 37 (39/41) M wieder aufnehmen und zusätzlich aus den zwischen Vorder- und Rückenteil neu angeschlagenen M 13 (13/15) M auffassen = 50(52/56) M.

Die M zur Rd schließen und im Perlmuster arbeiten. Rechts und links vom Rd-Übergang je 2 M markieren.

Für die Ärmelschrägungen in der 22. Rd und noch 4 (5/7) x in jeder 4. Rd beidseits vor den Markierungen 1 M abnehmen, indem 2 M mustergemäß zusammengestrickt werden = 40 M.

In 40 (41/42) cm Gesamthöhe gemessen ab Rundenschluss noch 6 cm im Bündchenmuster stricken, dann alle M locker abketten.

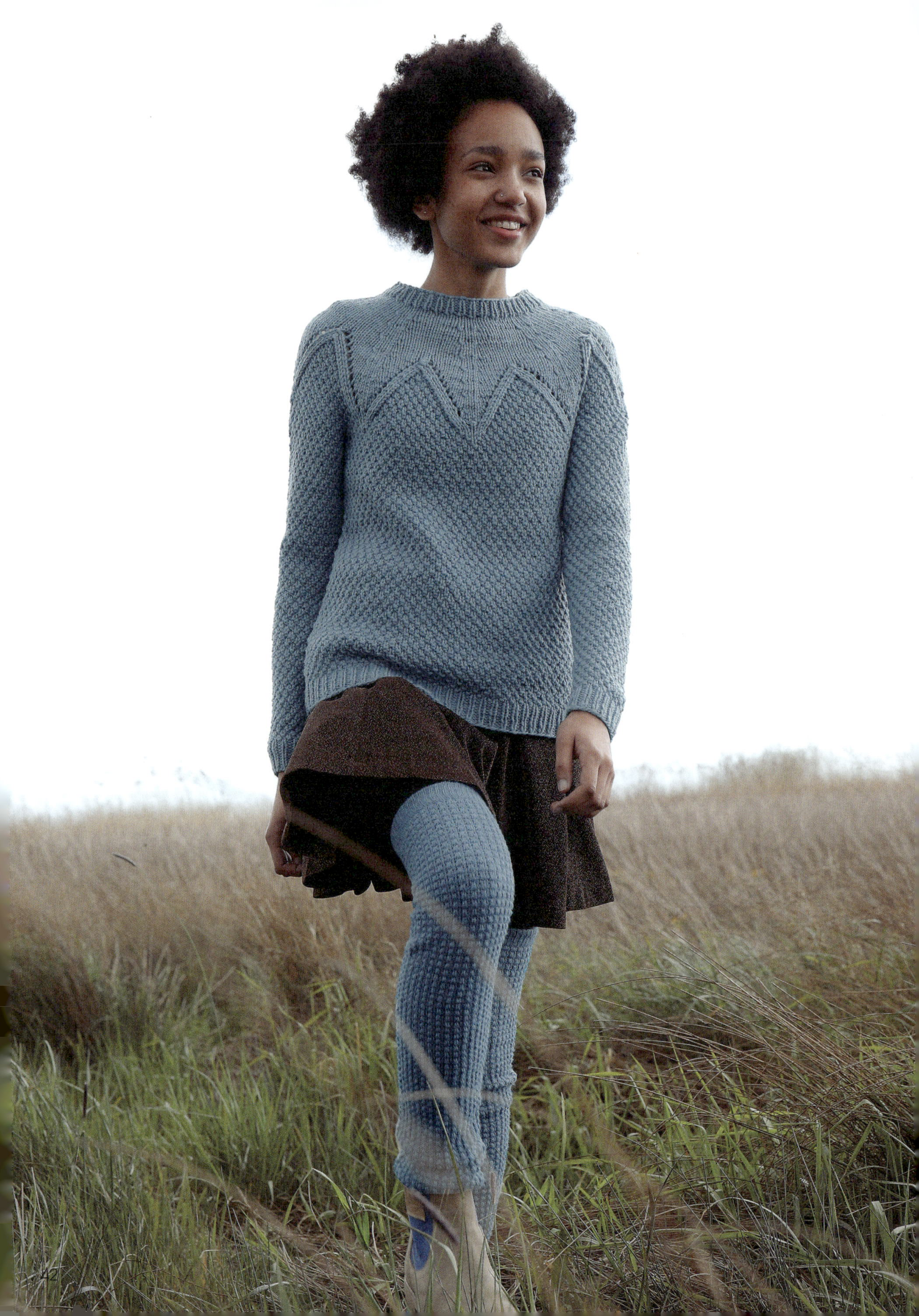

Schön auf Zack

Das große Perlmuster strukturiert Ärmel und Korpus und betont die dynamischen Lochmusterzacken in der Rundpasse. Oberhalb wird dann glatt rechts gestrickt, die Abnahmen werden als Überzug gearbeitet und zeichnen sich so als dekorative Schmucklinien ab. Das ist gar nicht so schwer zu stricken, wirkt aber sehr raffiniert.

Schön auf Zack

Perlmusterpullover mit Lochmusterzacken

GRÖSSE

36/38 (40/42) 44–48

Die Angaben für Größe 36/38 stehen vor der Klammer, die Angaben für Größe 40/42 in der Klammer vor dem Strich, die Angaben für Größe 44–48 in der Klammer nach dem Strich. Bei nur einer Angabe gilt diese für alle Größen.

MATERIAL

ggh-Garn **SPORTLIFE** (100 % Schurwolle; Lauflänge ca. 80 m/50 g) **600 (650/700) g** in Hellblau **(Fb 45)**; Stricknadeln Nr. 4,5–5 und Nr. 5–5,5; Rundstricknadel Nr. 5–5,5 in 40, 60 und 80 cm Länge; Rundstricknadel Nr. 4,5–5 in 40 cm Länge

MASCHENPROBE

Mit Nadeln Nr. 5–5,5 im großen Perlmuster gestrickt, ergeben 15 M und 22 R/Rd = 10 x 10 cm.

MUSTER

Bündchenmuster

1 M rechts, 1 M links im Wechsel stricken.

Großes Perlmuster in Runden

1.–2. Rd: 1 M rechts und 1 M links im Wechsel stricken.

3.–4. Rd: 1 M links und 1 M rechts im Wechsel stricken.

Die 1.–4. Rd fortlaufend wiederholen.

Zackenmuster

Siehe Schema. Es ist jede Rd gezeichnet.

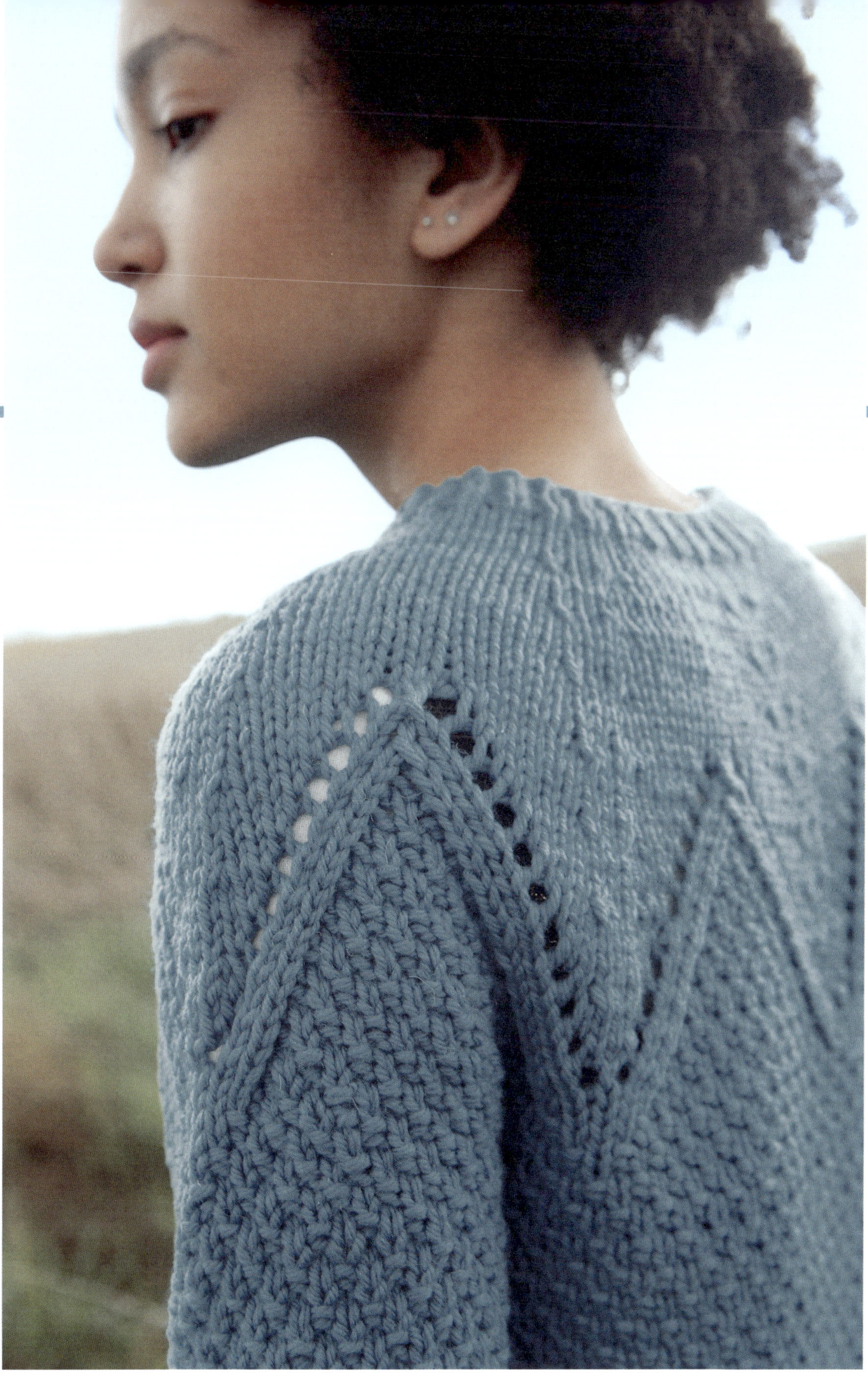

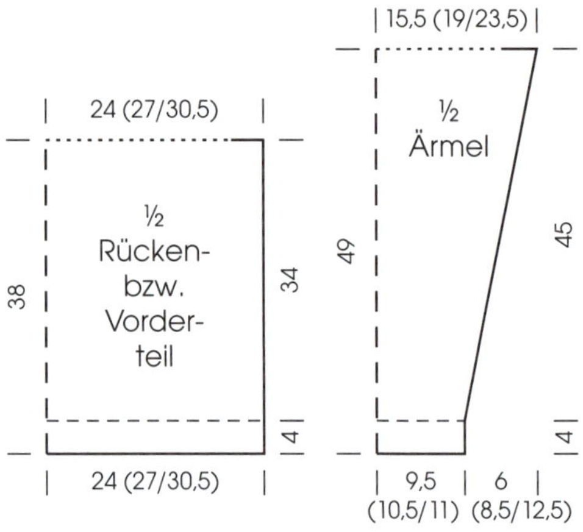

ANLEITUNG

RÜCKENTEIL

73 (83/93) M mit Nadeln Nr. 4,5–5 anschlagen und im Bündchenmuster stricken, dabei die 1. Rückr mit Randm, 1 M rechts beginnen. In 4 cm Höhe weiter mit Nadeln Nr. 5–5,5 im großen Perlmuster stricken, dabei die 1. Hinr mit Randm, 1 M rechts beginnen.
In ca. 38 cm Höhe, in der 75. R ab Bündchen (diese Hinr beginnt mit Randm, 1 M links), für die Armausschnitte beidseitig 1 x 5 (7/9) M abketten, dann die restlichen 63(69/75) M stilllegen.

VORDERTEIL

Wie das Rückenteil stricken.

ÄRMEL

Je 30 (32/34) M mit Nadeln Nr. 4,5–5 anschlagen und 4 cm im Bündchenmuster stricken, dabei die 1. Rückr mit Randm, 1 M rechts beginnen. Am Ende der letzten Rückr vor der Randm 1 M rechts verschränkt aus dem Querfaden zunehmen = 31 (33/35) M.
Weiter mit Nadeln Nr. 5–5,5 im großen Perlmuster stricken, dabei die 1. Hinr mit Randm, 1 M links beginnen. Für die Ärmelschrägungen beidseitig in jeder 10. R 9 x 1 M (in jeder 8. R 6 x 1 M und in jeder 6. R 7 x 1 M/in jeder 6. R 12 x 1 M und in jeder 4. R 5 x 1 M) zunehmen = 49 (59/69) M.
In ca. 49 cm Höhe, in der 99. R ab Bündchen (diese Hinr beginnt mit Randm, 1 M links), für die Armausschnitte beidseitig 1 x 5 (7/9) M abketten, die restlichen 39 (45/51) M stilllegen.

RUNDPASSE

Die Rundstricknadeln Nr. 5–5,5 der Maschenzahl entsprechend einsetzen.
Mit der langen Nadel die M des Rückenteils, eines Ärmels, des Vorderteils und des 2. Ärmels im Perlmuster arbeiten, dabei an allen Übergängen je 2 M rechts zusammenstricken = 200 (224/248) M.
Nun an allen Übergängen in jeder 2. Rd 1 (4/7) x je 3 M mustergemäß zusammenstricken = 192 M.

Schema für das Zackenmuster

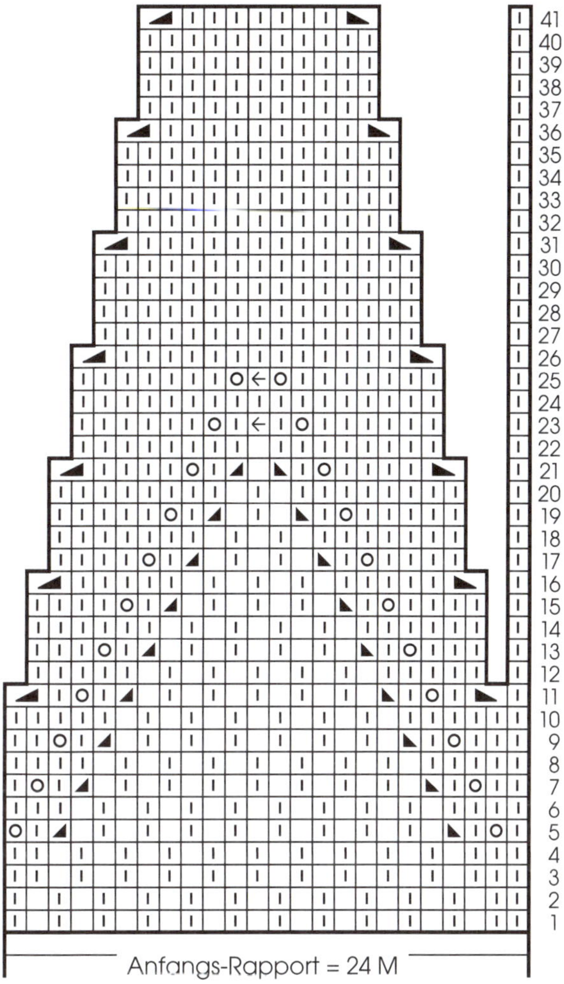

Zeichenerklärung

[I] = 1 M rechts

[ ] = 1 M links

[O] = 1 Umschlag

[◣] = 1 Überzug (= 1 M rechts abheben, 1 M rechts stricken und die abgehobene M überziehen)

[◢] = 2 M rechts zusammenstricken

[←] = 1 doppelter Überzug (= 1 M rechts abheben, 2 M rechts zusammenstricken und die abgehobene M überziehen)

[◣] = 1 Abnahme, wie [◣] stricken

[◢] = 1 Abnahme, wie [◢] stricken

In der folgenden 2. Rd den Rd-Beginn in die Mitte eines Ärmels verschieben und von dieser Stelle aus weiter nach dem Schema stricken (die 1. M der Vor-Rd ist 1 rechte M) = 8 x der Anfangs-Rapport von 24 M. Nach der 41. Rd sind 80 M auf der Nadel.

Nun noch 4 (2/1) Rd glatt rechts stricken = ca. 60 (62/64) cm Gesamthöhe.

Weiter mit Rundstricknadel Nr. 4,5–5 noch 5 Rd im Bündchenmuster stricken, dann die M abketten.

ZU GUTER LETZT

Das Teil spannen und unter feuchten Tüchern trocknen lassen. Ärmel-, Armausschnitt- und Seitennähte schließen.

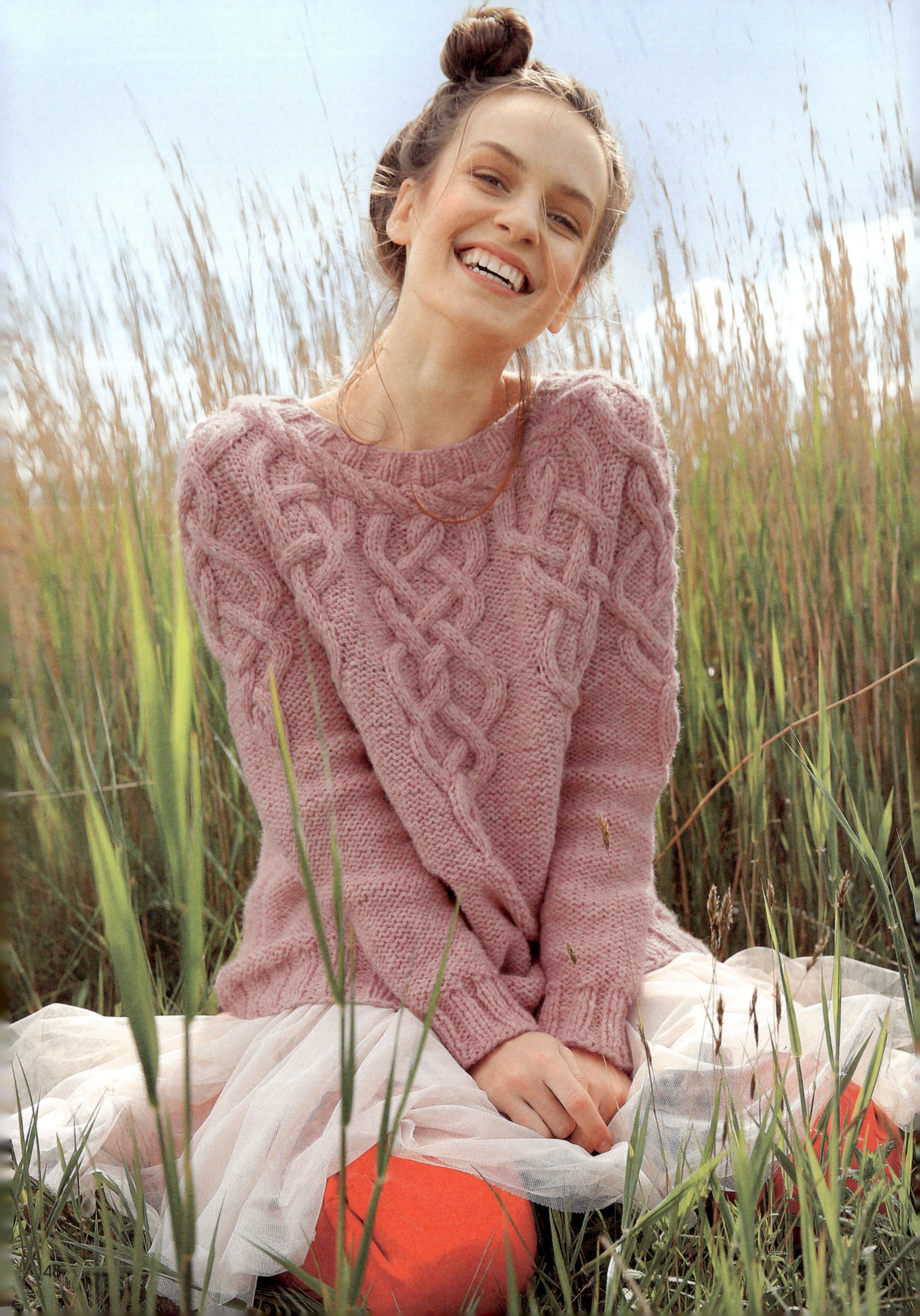

Spektakuläre Zöpfe

Nicht nur das Zopfband am Beginn der Rundpasse unterstreicht das raffinierte Zopfdesign, auch die vielfältig verschlungenen, ausdrucksvollen Verkreuzungen, die sich von der Passe bis in den Korpus fortsetzen, sehen sensationell aus. Der von oben nach unten gestrickte Rundpassenpulli ist Könnern vorbehalten, die werden jedoch mit einem zeitlos gültigen Lieblingsstück belohnt!

Spektakuläre Zöpfe

Von oben nach unten gestrickter Zopfmusterpulli

GRÖSSE
36–40

MATERIAL
ggh-Garn **TOPAS** (41 % Schurwolle, 9 % Alpaka, 32 % Polyacryl, 18 % Polyamid; Lauflänge ca. 115 m/50 g) **500 g** in Altrosa **(Fb 37)**; Stricknadeln Nr. 6–7; je eine Rundstricknadel Nr. 6–7 in 40, 60, 80 und 100 cm Länge

MASCHENPROBE
Mit Nadeln Nr. 6–7 und glatt links gestrickt, ergeben 14 M und 20 Rd/R = 10 x 10 cm.

MUSTER
Bündchenmuster
2 M rechts, 2 M links im Wechsel stricken.

Glatt links
In Hinr linke M, in Rückr rechte M stricken; in Rd nur linke M stricken.

Zopfband
Über 8 M glatt rechts (= in Hinr rechte M, in Rückr linke M) stricken, dabei in der 3. R, dann in jeder 6. R nach der Randm 3 M mit einer Hilfsnadel hinter die Arbeit legen, 3 M rechts stricken, dann die M der Hilfsnadel rechts stricken, Randm. Auch die Randm in Hinr rechts, in Rückr links stricken!

Fantasiemuster
Siehe Schema. Es sind nur ungerade Rd bzw. Hinr gezeichnet; in geraden Rd bzw. Rückr die M stricken, wie sie erscheinen.
1 x die 1. bis 65. Rd/R stricken.

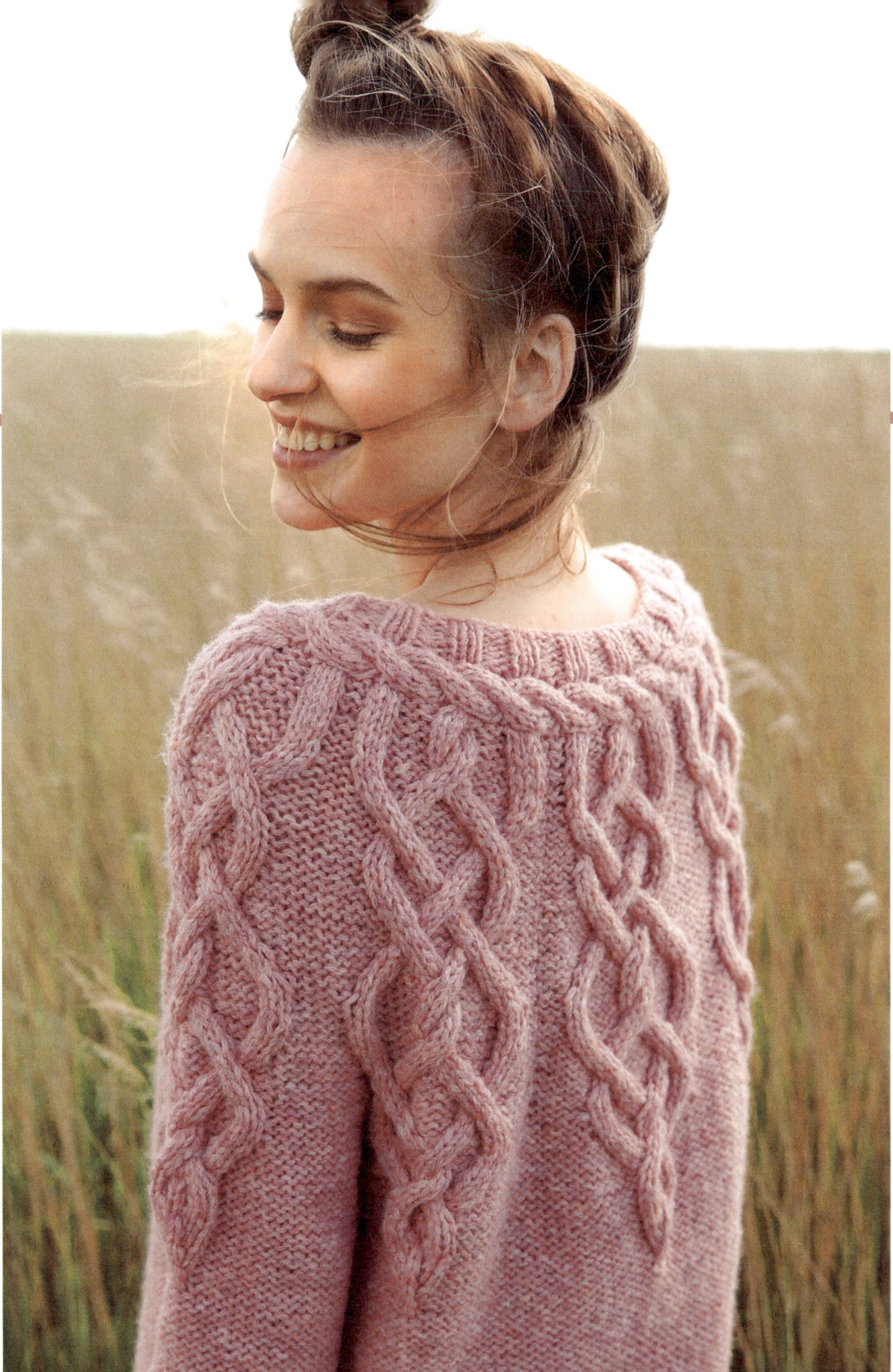

ANLEITUNG

Hinweis: Zunächst das Zopfband und die Halsausschnittblende stricken, dann den Pullover in einem Stück von oben nach unten arbeiten. Die Rundstricknadeln der Maschenzahl entsprechend einsetzen.

ZOPFBAND

Mit einem glatten Extrafaden 8 M anschlagen, dann mit dem Originalgarn das Band stricken, wie beschrieben.

In ca. 78 cm Länge, nach 156 R bzw. 26 Verkreuzungen, die M stilllegen. Den Extrafaden abtrennen, die 8 M auffangen, dann die M beider Nadeln im Maschenstich verbinden.

HALSAUSSCHNITTBLENDE

Aus einer Seitenkante des Zopfbands gleichmäßig verteilt 80 M aufnehmen und 6 Rd im Bündchenmuster stricken, dann die M abketten.

PASSE

Aus der 2. Seitenkante des Zopfbands gleichmäßig verteilt 144 M aufnehmen und den Rd-Wechsel markieren. Dann im Fantasiemuster stricken = 8 x der Rapport von 18 bzw. 20 M. Dabei wie gezeichnet M zunehmen = 288 M nach der 41. Rd.

In 28 cm Gesamthöhe, nach 44 Rd ab Zopfband, weiter in 4 Teilen arbeiten.

RÜCKENTEIL

Für das Rückenteil zunächst die ersten 6 M ab Rd-Wechsel auf die rechte Nadelspitze heben. Nun mit einem neuen Faden arbeiten und für den Armausschnitt 6 M neu anschlagen, dann für das Rückenteil die letzten 30 M des Rapports, 1 Rapport von 36 M und die 1. bis 30. M des folgenden Rapports stricken, dann noch 6 M neu anschlagen = 108 M. Die übrigen M stilllegen. Nach der 63. Muster-Rd sind noch 75 M auf der Nadel.

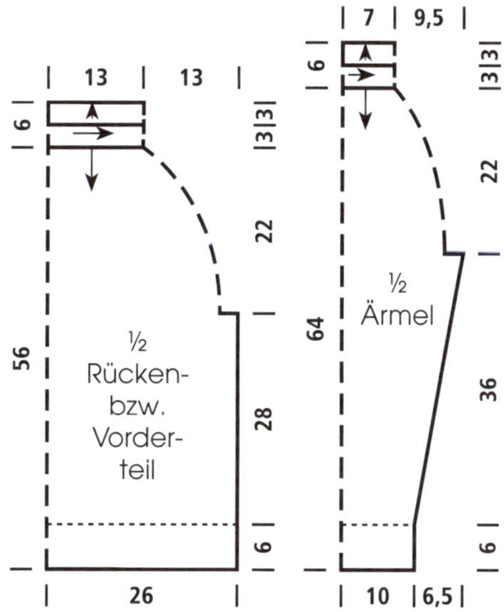

Nach der 65. Muster-Rd über alle M glatt links stricken.
In 56 cm Gesamthöhe im Bündchenmuster stricken, dabei in der 1. R die Randm mit der folgenden M rechts zusammenstricken = 74 M.
In 62 cm Gesamthöhe die M abketten.

1. ÄRMEL

Für den 1. Ärmel 6 M neu anschlagen, die folgenden 48 M der Nadel stricken, dann 6 M neu anschlagen = 60 M. Weiter nach Schema stricken, dabei für die Ärmelschrägungen beidseitig in jeder 6. R 3 x 1 M und in jeder 8. R 6 x 1 M abketten = 31 M nach allen Abnahmen.
In 64 cm Gesamthöhe im Bündchenmuster arbeiten, dabei in der 1. R die Randm mit der folgenden M rechts zusammenstricken = 30 M.
In 70 cm Gesamthöhe die M abketten.

VORDERTEIL UND 2. ÄRMEL

Über die restlichen M das Vorderteil wie das Rückenteil, dann den 2. Ärmel wie den 1. Ärmel arbeiten.

ZU GUTER LETZT

Das Teil spannen und unter feuchten Tüchern trocknen lassen.
Die Ärmel- und Seitennähte schließen.

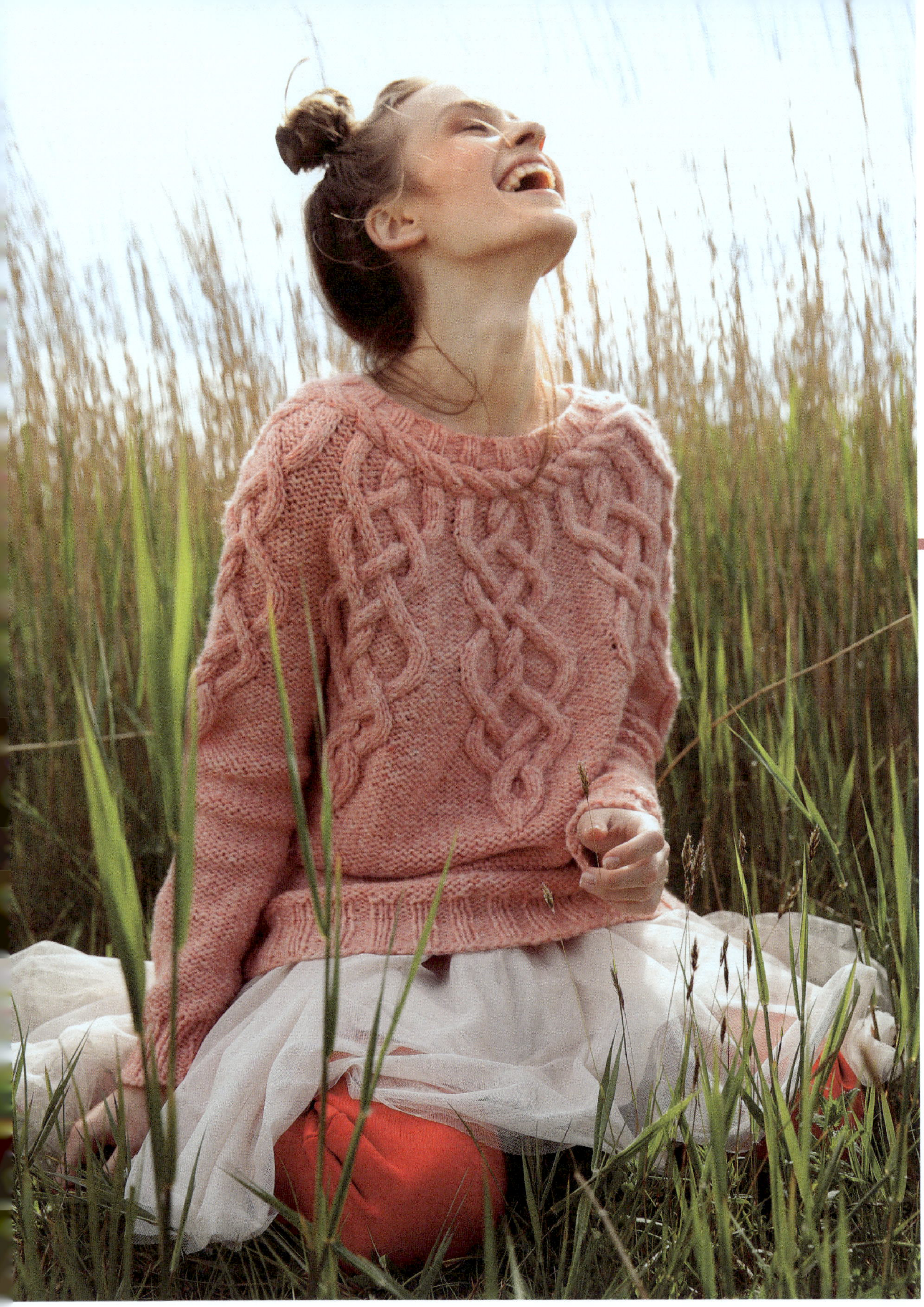

Schema für das Fantasiemuster

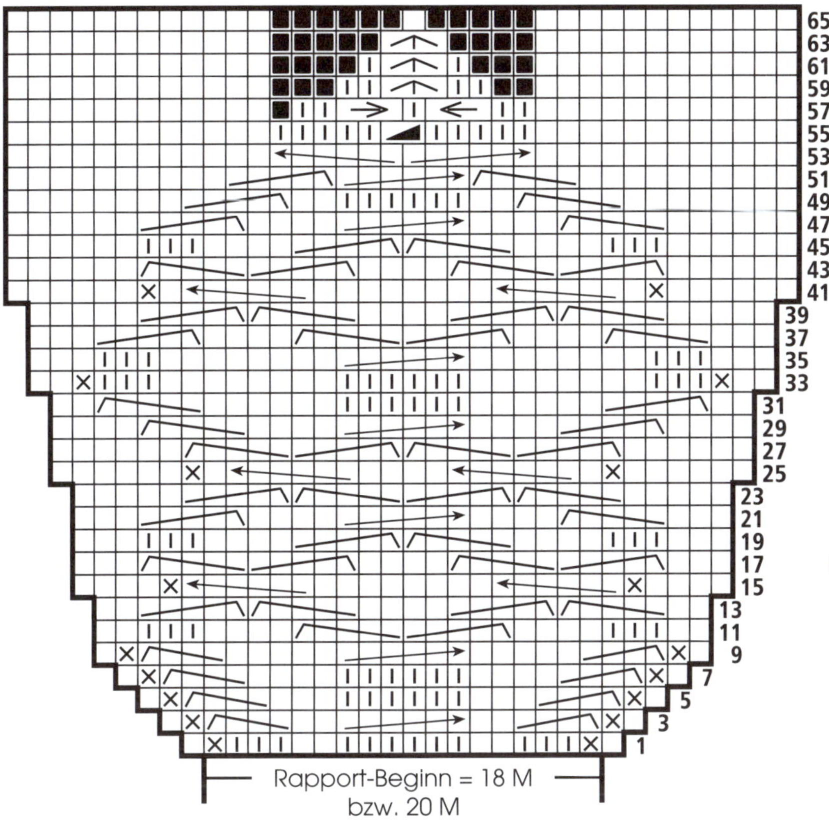

Zeichenerklärung

☐ mit Strich = in ungeraden Rd und Hinr 1 M rechts, in Rückr 1 M links stricken

☐ = in ungeraden Rd und Hinr 1 M links, in Rückr 1 M rechts stricken

☒ = 1 M links verschränkt aus dem Querfaden stricken

◢ = 2 M rechts zusammenstricken

← = 1 M rechts abheben, 2 M rechts zusammenstricken und die abgehobene M überziehen

→ = 3 M rechts zusammenstricken

⋏ = 2 M zusammen rechts abheben, 1 M rechts stricken und die abgehobenen M überziehen

■ = keine M; das Kästchen dient nur der besseren Übersicht und wird beim Stricken übergangen

(Zopfzeichen 4 Kästchen, nach links) = 3 M mit einer Hilfsnadel vor die Arbeit legen, 1 M links, dann die M der Hilfsnadel rechts stricken

(Zopfzeichen 4 Kästchen, nach rechts) = 1 M mit einer Hilfsnadel hinter die Arbeit legen, 3 M rechts, dann die M der Hilfsnadel links stricken

(Zopfzeichen 6 Kästchen, Pfeil links) = 3 M mit einer Hilfsnadel vor die Arbeit legen, 3 M rechts, dann die M der Hilfsnadel rechts stricken

(Zopfzeichen 6 Kästchen, Pfeil rechts) = 3 M mit einer Hilfsnadel hinter die Arbeit legen, 3 M rechts, dann die M der Hilfsnadel rechts stricken

(Zopfzeichen 5 Kästchen, nach links) = 3 M mit einer Hilfsnadel vor die Arbeit legen, 2 M links, dann die M der Hilfsnadel rechts stricken

(Zopfzeichen 5 Kästchen, nach rechts) = 2 M mit einer Hilfsnadel hinter die Arbeit legen, 3 M rechts, dann die M der Hilfsnadel links stricken

Dekorativ *verschlungen*

Lässig oversized geschnitten und mit wunderschöner
Zopfbordüre in der Rundpasse präsentiert
sich der gemütliche Kuschelpulli in Wollweiß.
Zwischen großem Perlmuster und glatt rechtem
Passenabschluss mit Bündchen bildet das Muster
großzügige Rauten, gefüllt mit kleinen Zöpfchen.

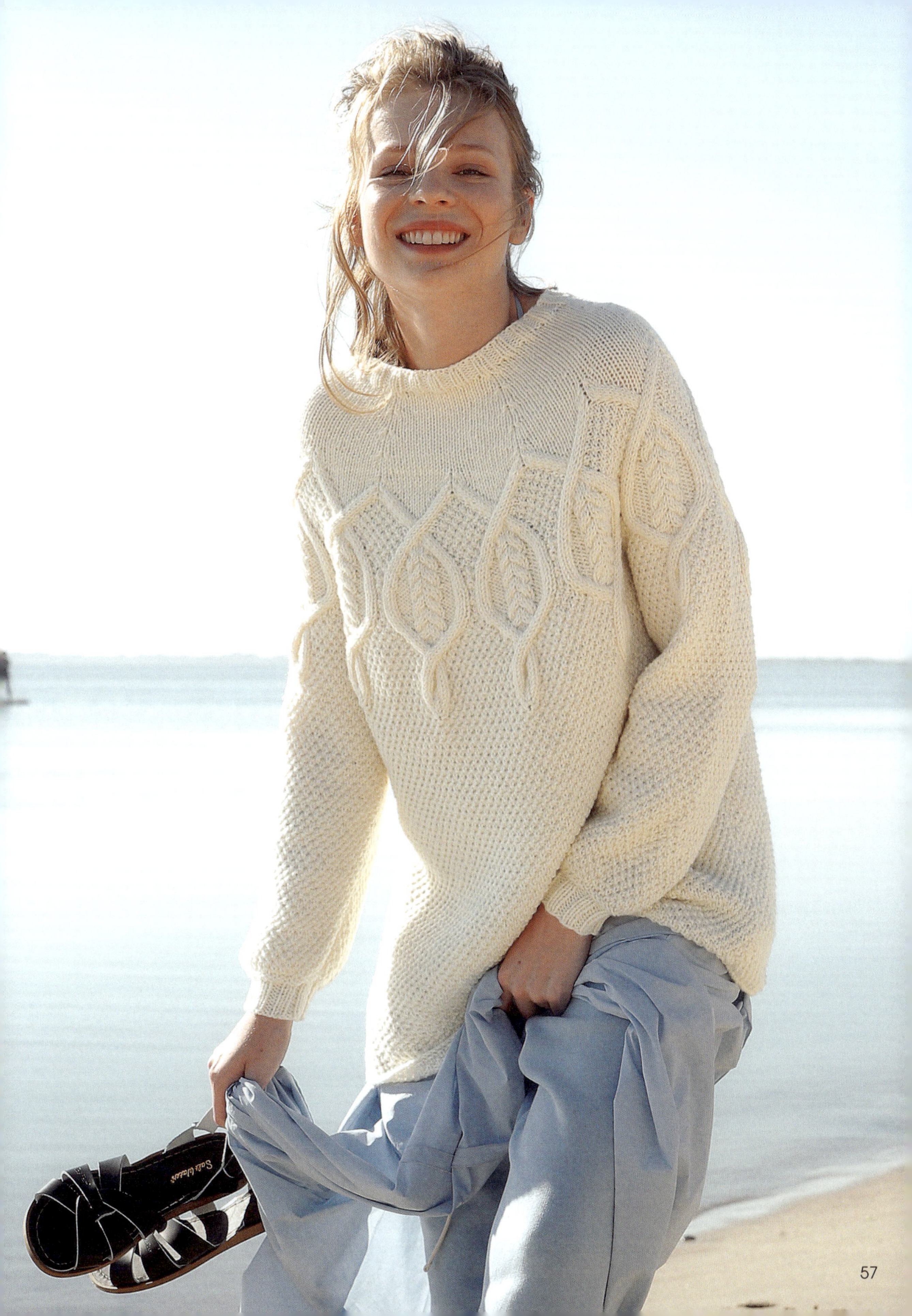

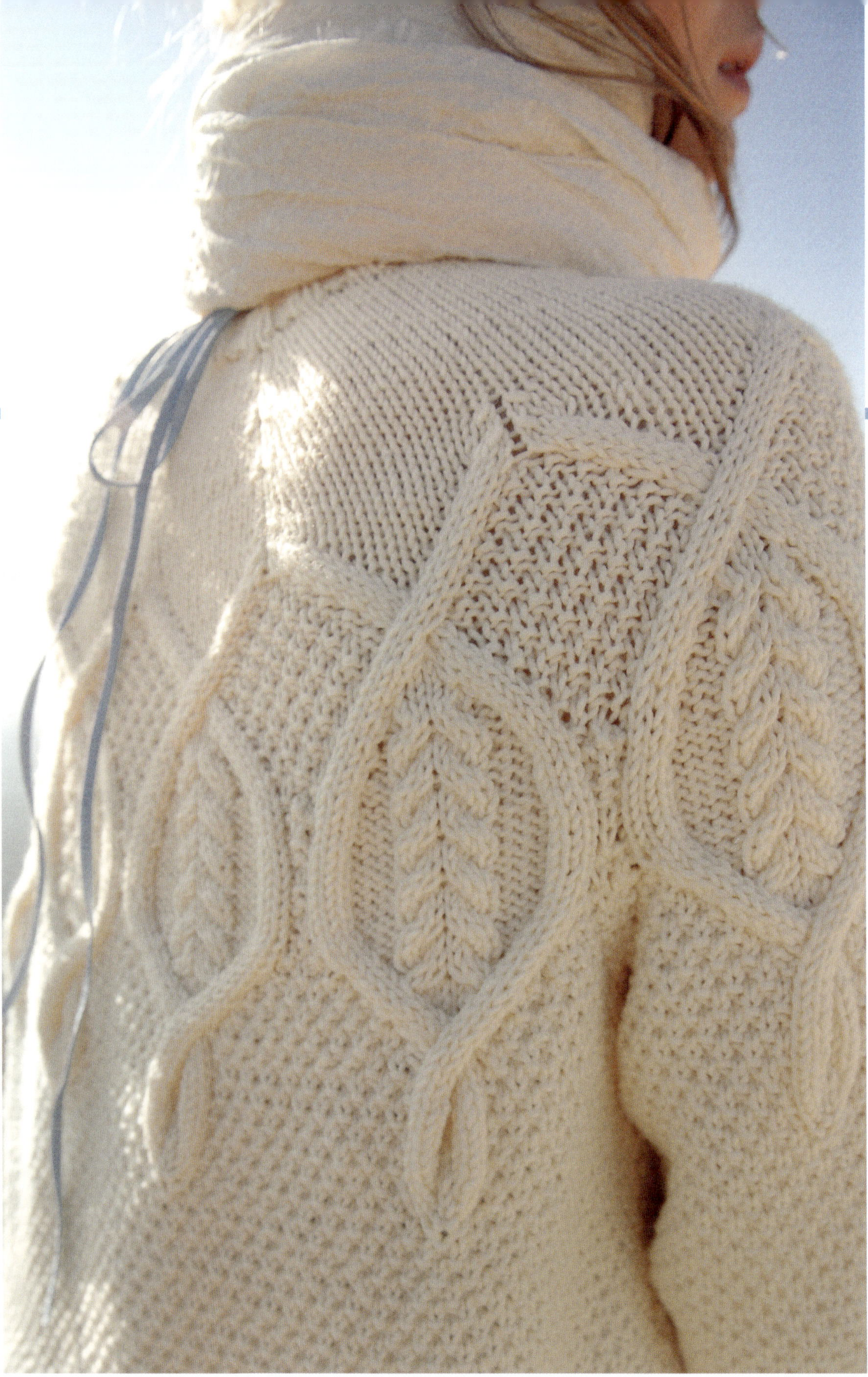

Dekorativ *verschlungen*

Oversize-Pulli mit Zopfbordüre in der Rundpasse

GRÖSSE
38–42

MATERIAL
ggh-Garn **SAMSON** (100 % Merinowolle; Lauflänge ca. 85 m/50 g) **850 g** in Wollweiß **(Fb 1)**; Stricknadeln Nr. 4–4,5; Rundstricknadel Nr. 4–4,5 in 40 und 80 cm Länge

MASCHENPROBE
Mit Nadeln 4–4,5 im großen Perlmuster gestrickt, ergeben 20 M und 28 R = 10 x 10 cm.

MUSTER
Bündchenmuster
2 M rechts, 2 M links im Wechsel stricken.

Glatt rechts in Rd
Alle M rechts stricken.

Großes Perlmuster
1.–2. R: 1 M rechts, 1 M links im Wechsel, in der Rückr die M stricken, wie sie erscheinen.
3.–4. R: 1 M links, 1 M rechts im Wechsel, in der Rückr die M stricken, wie sie erscheinen.
Die 1.–4. R fortlaufend wiederholen.

Zopfmuster
Siehe Schema. Es sind nur die Hinr und Musterrd (ungerade R/Rd) gezeichnet. In den Rückr und Zwischenrd werden alle M gestrickt, wie sie erscheinen. Die 1.–28. R werden in R gearbeitet, danach geht es weiter in Rd. Rechts und links neben dem Muster wird immer 1 linke M gestrickt. Die M ist nicht eingezeichnet. Zwischen den linken M werden alle M mustergemäß im Perlmuster gestrickt. Die 1.–66. R/Rd 1 x arbeiten.

Abnahmen

Am Anfang der R: Randm, 1 Überzug stricken (= 1 M abheben, 1 M rechts stricken, dann die abgehobene M überziehen). Am Ende der R: Bis vor die letzten 3 M stricken, 2 M rechts zusammenstricken, Randm.

ANLEITUNG

Hinweis: Bei der Berechnung Maschenzahlen bitte beachten, dass es auch im Muster Zu- und Abnahmen gibt!

RÜCKENTEIL

115 M mit Nadeln Nr. 4–4,5 anschlagen und 3 R linke M stricken.

Weiter zwischen den Randm im großen Perlmuster arbeiten und 122 R stricken. In der 123. R in ca. 40 cm Gesamthöhe mit dem Zopfmuster nach Schema beginnen.

Ab jetzt wird neu gezählt. Begonnen wird mit der 1. R des Zählmusters. Hierzu die M wie folgt einteilen: Randm, 23 M großes Perlmuster, *Zopfmusterrapport beginnen, indem aus 1 M 3 M herausgestrickt werden (= 1 rechte M, 1 Umschlag, 1 rechte M aus derselben M stricken, indem nochmals in die M eingestochen wird), 21 M großes Perlmuster*. Vorgang von * bis * noch 2 x wiederholen. R beenden mit Zopfmuster-Rapport 1 M aus 3 M herausstricken, 23 M großes Perlmuster, Randm = 123 M.

Weiter nach Schema stricken und ab der 3. R rechts und links neben dem Zopfmuster-Rapport wie beschrieben je 1 linke M stricken. In der 17. R beidseitig 3 M abketten. Danach in jeder 2. R beidseitig 3 x 1 M abnehmen wie beschrieben = 111 M. Nach der 28. R alle M stilllegen.

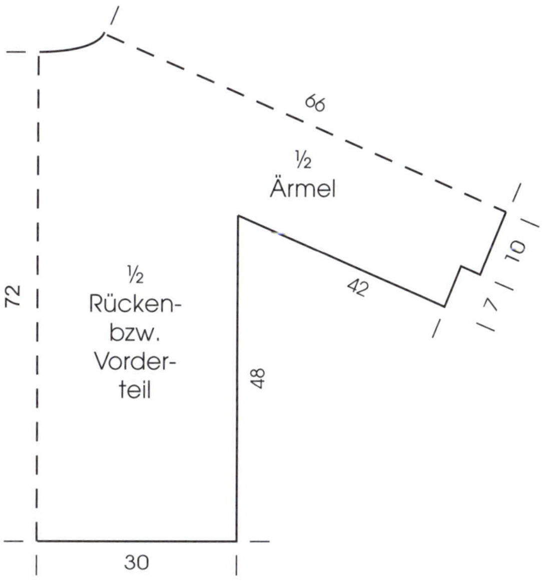

VORDERTEIL

Wie das Rückenteil stricken.

ÄRMEL

38 M mit Nadeln Nr. 4–4,5 anschlagen und in einer Rückr mit 2 M links beginnen und mit 2 M links enden.

Danach 10 R im Bündchenmuster und im Anschluss 2 R rechte M und 1 R linke M stricken.

In der folgenden Rückr 1 Randm und 1 M links stricken, dann 33 x * 1 M links, 1 Umschlag * wiederholen und die R mit 2 M links und 1 Randm beenden = 71 M.

Weiter im Perlmuster arbeiten und die M so einteilen, dass die Umschläge als rechte M gestrickt werden.

In 35 cm Gesamthöhe mit der 1. R des Zopfmusters beginnen und die M wie folgt einteilen: 24 M großes Perlmuster, 2 x die Sequenz * Zopfmusterrapport beginnen, indem aus 1 M 3 M herausgestrickt werden (= 1 rechte M, 1 Umschlag, 1 rechte M aus derselben M stricken, indem nochmals in die M eingestochen wird), 21 M großes Perlmuster * wiederholen und die R mit 3 M Perlmuster beenden= 75 M. Zopfmuster und Ärmelabnahmen wie beim Rückenteil stricken. Nach der 28. R alle M stilllegen = 57 M.

Den zweiten Ärmel ebenso stricken.

RUNDPASSE

Nacheinander das Rückenteil, den 1. Ärmel, das Vorderteil und den 2. Ärmel auf eine Rundnadel nehmen = 336 M. Weiter in Rd arbeiten und das Zopfmuster ab der 29. Rd nach Schema fortsetzen, dabei in der 29. Rd an den Übergängen der Teile je 2 M zusammenstricken und in der 31. Rd an den Übergängen 3 M zusammenstricken = 324 M.

Insgesamt werden nun 12 Rapporte à 24 M gestrickt, rechts und links davon je 1 linke M sowie je 1 M Perlmuster zwischen den linken M.

Weiter nach Schema bis nach der 66. Rd stricken. Dabei werden pro Rapport je 15 M abgenommen = 144 M. Bei entsprechender Maschenzahl zur kürzeren Rundnadel wechseln.

Nun in jedem 2. Rapport die zusammengestrickten M der 65. Rd markieren. 4 x in jeder 6. Rd über den markierten M 2 M überzogen zusammenstricken (= 1 M abheben, 1 M rechts stricken, dann die abgehobene M überziehen) und 2 M rechts zusammenstricken = 96 M.

Im Anschluss 7 Rd im Bündchenmuster stricken.

Alle M locker abketten.

ZU GUTER LETZT

Die Ärmel- und Seitennähte schließen.

Schema für den Zopf

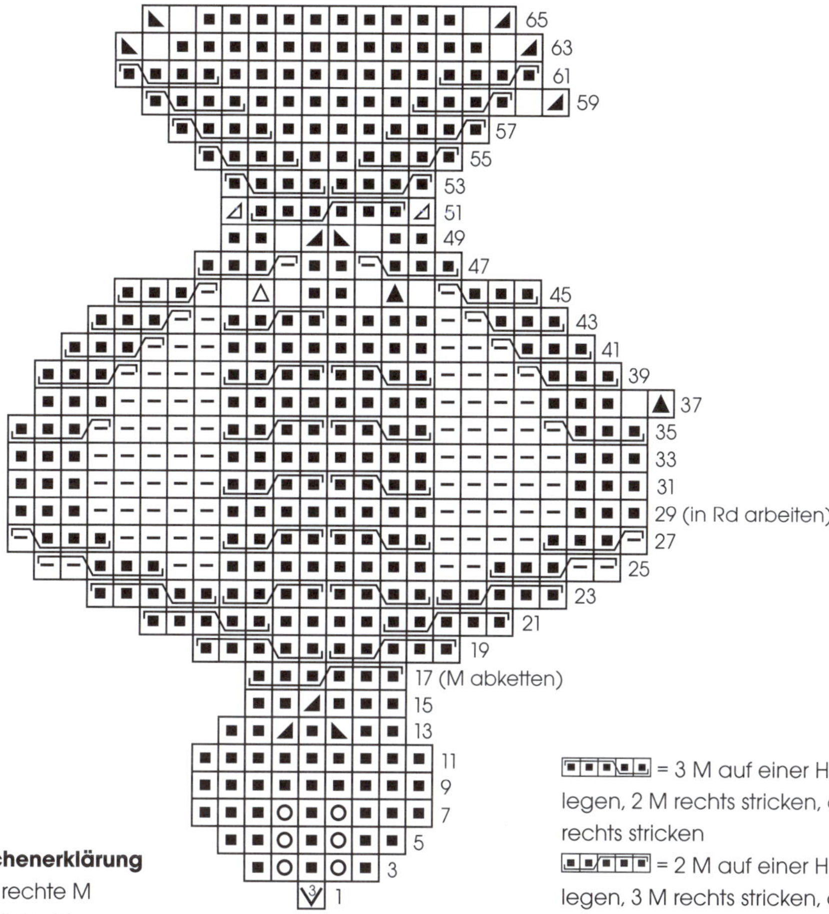

Zeichenerklärung

= rechte M

= linke M

= Umschlag

= 1 Überzug (= 1 M abheben, 1 M rechts stricken, dann die abgehobene M überziehen)

= 2 M rechts zusammenstricken

= keine Masche, dient nur zur besseren Lesbarkeit

= 2 M links zusammenstricken

= 3 M rechts zusammenstricken

= 3 M überzogen zusammenstricken (= 1 M abheben, 2 M rechts zusammenstricken, dann die abgehobene M überziehen)

= 3 M aus 1 M stricken (= 1 rechte M stricken, 1 Umschlag auf die Nadel nehmen und aus derselben M zusätzlich 1 rechte M stricken; den Umschlag in der folgenden Rd als rechte M stricken)

= 2 M auf einer Hilfsnadel vor die Arbeit legen, 2 M rechts stricken, dann die M der Hilfsnadel links stricken

= 2 M auf einer Hilfsnadel hinter die Arbeit legen, 2 M rechts stricken, dann die M der Hilfsnadel rechts stricken

= 3 M auf einer Hilfsnadel vor die Arbeit legen, 2 M rechts stricken, dann die M der Hilfsnadel rechts stricken

= 2 M auf einer Hilfsnadel hinter die Arbeit legen, 3 M rechts stricken, dann die M der Hilfsnadel rechts stricken

= 3 M auf einer Hilfsnadel vor die Arbeit legen, 1 M links stricken, dann die M der Hilfsnadel rechts stricken

= 1 M auf einer Hilfsnadel hinter die Arbeit legen, 3 M rechts stricken, dann die M der Hilfsnadel links stricken

= 3 M auf einer Hilfsnadel vor die Arbeit legen, 1 M rechts stricken, dann die M der Hilfsnadel rechts stricken

= 1 M auf einer Hilfsnadel hinter die Arbeit legen, 3 M rechts stricken, dann die M der Hilfsnadel rechts stricken

= 3 M auf einer Hilfsnadel vor die Arbeit legen, 2 M links stricken, dann die M der Hilfsnadel rechts stricken

= 2 M auf einer Hilfsnadel hinter die Arbeit legen, 3 M rechts stricken, dann die M der Hilfsnadel links stricken

= 3 M auf einer Hilfsnadel hinter die Arbeit legen, 3 M rechts stricken, dann die M der Hilfsnadel rechts stricken

Raffiniert *konstruiert*

Rundpasse mal ganz anders – bei diesem musterstarken Pullover wird sie quer gestrickt! Ein Zopfband, das im Maschenstich zur Runde geschlossen wird. Für Vorder-, Rückenteil und Ärmel werden Maschen aus dem unteren Rand aufgenommen, der Kragen wird oben angestrickt. So schlängeln sich dekorative Zöpfe mal längs, mal quer über diesen außergewöhnlichen Musterpulli.

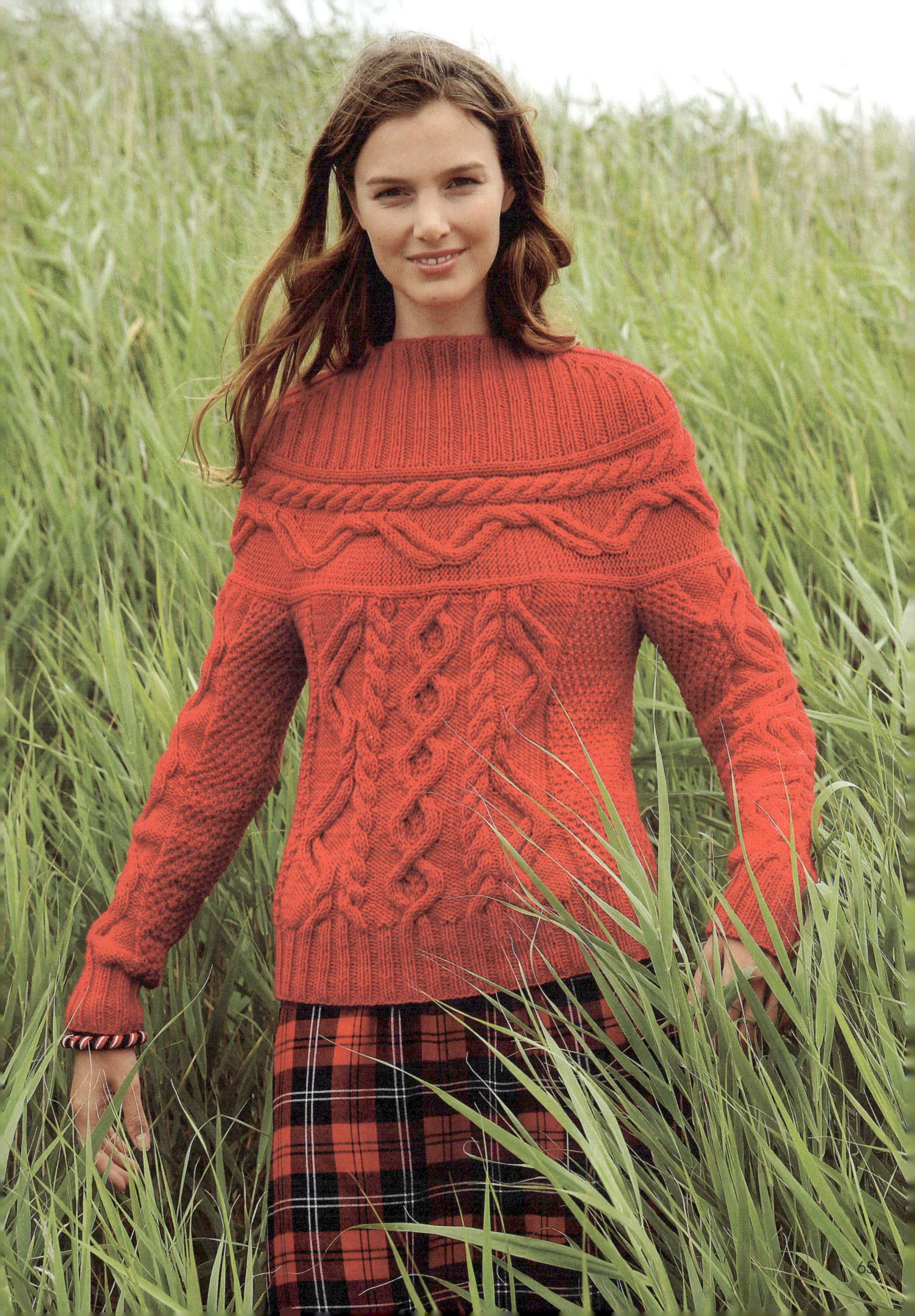

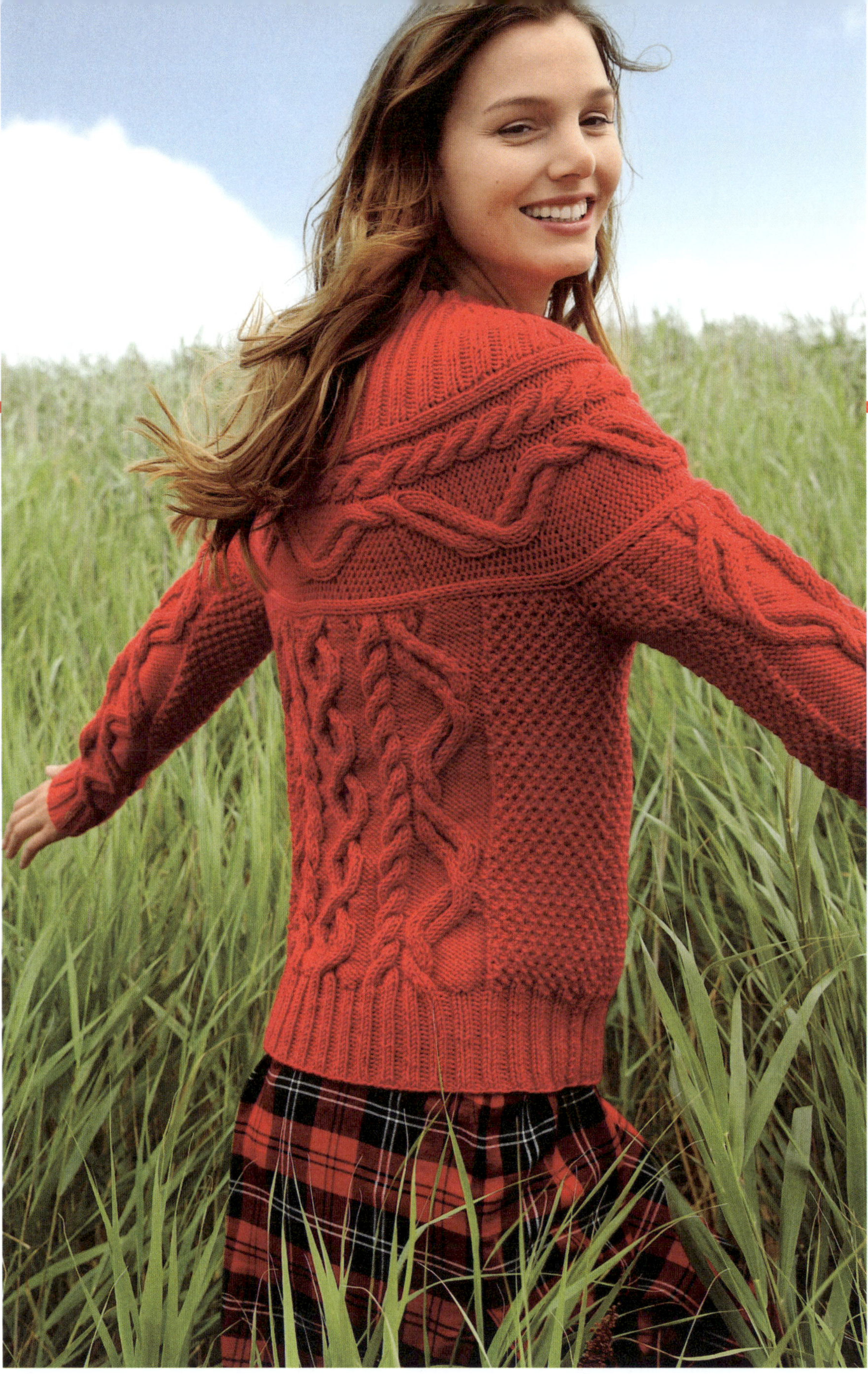

Raffiniert konstruiert

Zopfmusterpullover mit quer gestrickter Passe

GRÖSSE

36–40 (42–46)
Die Angaben für Größe 36–40 stehen vor der Klammer, die Angaben für Größe 42–46 in der Klammer. Bei nur einer Angabe gilt diese für beide Größen.

MATERIAL

ggh-Garn **SAMSON** (100 % Merinowolle extrafein superwash; Lauflänge ca. 85 m/50 g) **750 (800) g** in Rot **(Fb 39)**; Stricknadeln Nr. 4–4½ und 4½–5; Rundstricknadel Nr. 4½–5 in 80–100 cm Länge sowie je eine Rundstricknadel Nr. 4–4½ in 40 und 80 cm Länge.

MASCHENPROBE

Mit Nadeln Nr. 4½–5 glatt rechts und im großen Perlmuster gestrickt, ergeben 18 M und 24–25 R = 10 x 10 cm.
Beim Zopfmuster (M-Zahl siehe Anleitung) sind 70 M ca. 27 cm, 42 M ca. 16 cm breit.
Gesamtlänge des Pullovers inkl. Kragen = ca. 64 (66) cm.

MUSTER

Bündchenmuster
2 M rechts, 2 M links im Wechsel stricken.

Glatt rechts
In Hinr rechte M, in Rückr linke M stricken. Auch die Randm in Hinr rechts, in Rückr links str!

Großes Perlmuster
1 M rechts, 1 M links im Wechsel; das Muster in jeder 2. R versetzt stricken.

Zopfmuster
Siehe Schema. Es sind nur Hinr gezeichnet; in den Rückr die M stricken, wie sie erscheinen. Für Rücken- und Vorderteil die 1. bis 75. R arbeiten, dann für das Bündchen die M stricken, wie sie erscheinen.
Für Passe und Ärmel nach der 1. und 2. R die 3. bis 36. R bzw. die 3. bis 8. R stets wiederholen.

Kragen-Abnahmen
Siehe Schema. Es ist jede Rd gezeichnet. Nach der 1. bis 3. Rd die 4. bis 9. Rd stets wiederholen.

ANLEITUNG

Hinweis: Zunächst die Passe quer stricken, dann den Kragen, das Rücken- und Vorderteil sowie die Ärmel anstricken.

PASSE

Mit Nadeln Nr. 4½–5 und einem glatten Extrafaden 34 M anschlagen, dann mit dem Originalgarn wie folgt stricken: Randm, 2 M glatt rechts, 2 M glatt links, die 1.–26. M des Zopfmusters (mit der 3. Muster-R beginnen), 2 M glatt rechts, Randm.

In ca. 99 (113) cm Höhe (ungedehnt gemessen) = 237 (271) R bzw. nach einer 35. Muster-R die M stilllegen.

Die M des Anschlags abtrennen und die 34 M auffangen, dann die M beider Nadeln mit Maschenstichen verbinden.

SO GEHT'S WEITER

Nun die rechte (untere) Passenkante auf 132 (154) cm Umfang dehnen, dann je 40 (47) cm für Rücken- und Vorderteil und je 26 (30) cm für die Ärmel markieren, dabei an der Nahtstelle das Rückenteil beginnen. Nun mit der Rundstricknadel Nr. 4½–5 und 2 Fäden aus der Kante 134 (154) M aufnehmen = je 40 (46) M für Rücken- und Vorderteile und je 27 (31) M für die Ärmel.

Dann 1 Rd rechte M arbeiten, dabei aus jedem Faden 1 M stricken = 268 (308) M bzw. je 80 (92) M für Rücken- und Vorderteil und je 54 (62) M für die Ärmel.

RÜCKENTEIL

Mit Nadeln Nr. 4½–5 über die ersten 80 (92) M das Rückenteil stricken, die übrigen M stilllegen. Dafür 1 Randm neu anschlagen, dann 12 (18) M großes Perlmuster, 56 bzw. 70 M Zopfmuster, 12 (18) M großes Perlmuster stricken und 1 Randm neu anschlagen = 96 (108) M.

Weiter wie beschrieben stricken, dabei für die Armausschnitte beidseitig in jeder 2. R 2 x 1 M und 1 x 4 (6) M neu anschlagen und diese M im im großen Perlmuster arbeiten = 108 (124) M.

In ca. 30 cm Höhe ab Passe, nach 74 R bzw. nach einer 6. Muster-R, weiter mit Nadeln Nr. 4–4½ im Bündchenmuster stricken, dabei in der 1. R mit Randm, 1 M links, 2 M rechts beginnen und über den M im großen Perlmuster je 1 M, über den 70 Zopfmuster-M insgesamt 12 M abnehmen. Dazu vor und nach den äußeren Verkreuzungen je 4 x 2 M, beidseitig der mittleren Verkreuzung 2 x 2 M mustergemäß zusammenstricken = 94 (110) M.

In 37 cm Höhe ab Passe die M abketten.

1. ÄRMEL

Mit Nadeln Nr. 4½–5 über die folgenden 54 (62) M der Rundstricknadel den Ärmel stricken. Dafür 1 Randm neu anschlagen, dann 9 (13) M großes Perlmuster, 36 bzw. 42 M Zopfmuster, 9 (13) M großes Perlmuster stricken und 1 Randm neu anschlagen = 62 (70) M.

Weiter wie beschrieben stricken, dabei für die Armausschnitte beidseitig in jeder 2. R 2 x 1 M und 1 x 4 (6) M neu anschlagen = 74 (86) M.

Weiter für die Ärmelschrägungen beidseitig in jeder 8. R 12 x 1 M (in jeder 6. R 16 x 1 M) abketten = 50 (54) M.

In 44 cm Ärmellänge, nach 108 R im Zopfmuster bzw. nach einer 6. Muster-R, weiter mit Nadeln Nr. 4–4½ im Bündchenmuster arbeiten, dabei die 1. Hinr mit Randm, 1 M links, 2 M rechts beginnen und zugleich beidseitig der mittleren 22 M je 4 M abnehmen = 42 (46) M.

In 51 cm Ärmellänge die M abketten.

UND NOCH EINMAL

Über die nächsten 80 (92) M der Rundstricknadel das Vorderteil wie das Rückenteil stricken.

Über die letzten 54 (62) M der Rundstricknadel den 2. Ärmel wie den ersten stricken, jedoch beim Zopfmuster in der 5. Muster-R über den mittleren 6 M eine Verkreuzung nach rechts arbeiten. Hierzu 3 M mit einer Hilfsnadel hinter die Arbeit legen, 3 M rechts stricken und dann die M der Hilfsnadel rechts stricken.

KRAGEN

Für den Kragen aus der oberen Passenkante mit der langen Rundstricknadel Nr. 4–4½ insgesamt 184 (208) M aufnehmen, dabei in einer Ärmelmitte beginnen = je 92 (104) M für Vorder- und Rückseite.

Nun im Bündchenmuster arbeiten, dabei die Rd mit 1 M links, 2 M rechts beginnen.

In der 4. Rd die Abnahmen gemäß Schema beginnen. Dafür * die ersten 11 M wie gezeichnet stricken, 70 (82) M stricken, die letzten 11 M wie gezeichnet stricken; ab * 1 x wiederholen = 168 (192) M nach der 8. Rd. Die 3.–9. Rd im gleichen Prinzip 4 (5) x wiederholen und dabei die mittleren je 70 (82) M entsprechend verringern = 104 (112) M. Über diese M noch 4 Rd stricken, dann die M abketten.

ZU GUTER LETZT

Das Teil spannen und unter feuchten Tüchern trocknen lassen.

Die Ärmel und Seitennähte schließen.

Schema für das Zopfmuster

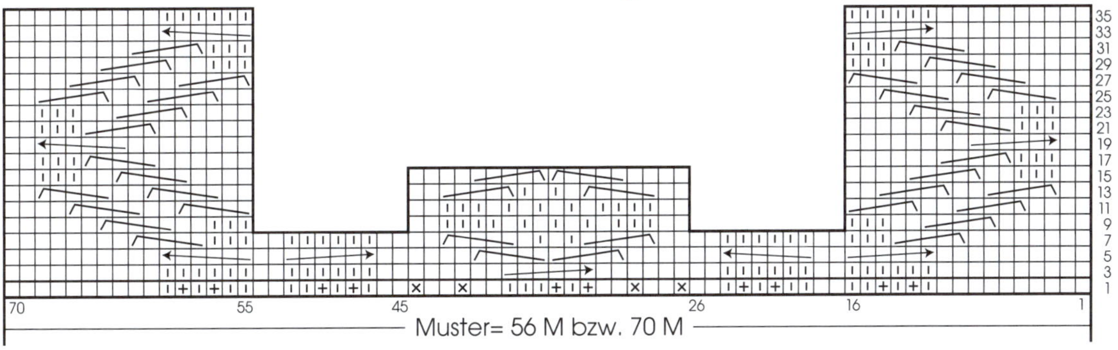

Schema für die Kragen-Abnahmen

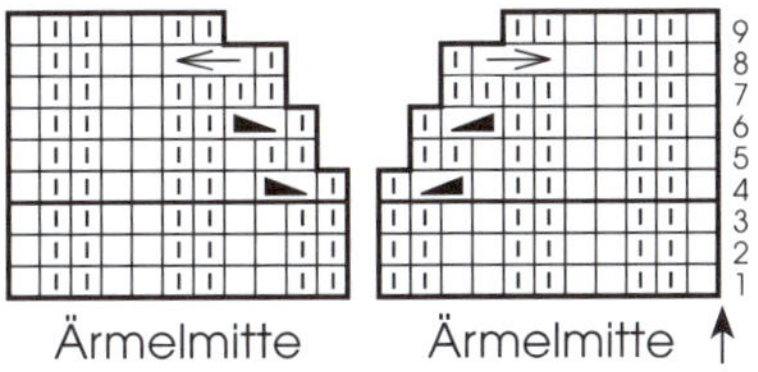

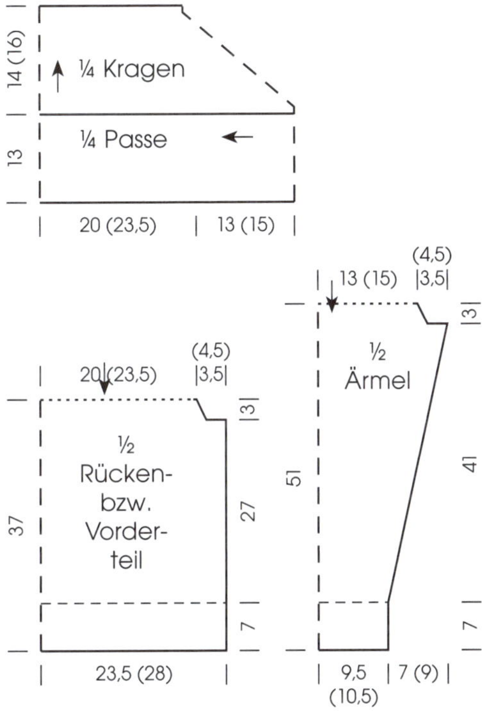

Zeichenerklärung

☐ = 1 M li

⊡ = 1 M re

⊞ = 1 M re verschränkt aus dem Querfaden stricken

☒ = 1 M li verschränkt aus dem Querfaden stricken

= 3 M mit einer Hilfsnadel hinter die Arbeit legen, 3 M re, dann die M der Hilfsnadel re stricken

= 3 M mit einer Hilfsnadel vor die Arbeit legen, 3 M re, dann die M der Hilfsnadel re stricken

= 2 M mit einer Hilfsnadel hinter die Arbeit legen, 3 M re, dann die M der Hilfsnadel li stricken

= 3 M mit einer Hilfsnadel vor die Arbeit legen, 2 M li, dann die M der Hilfsnadel re stricken

= 2 M re zusammenstricken

= 1 M re abheben, 1 M re str und die abgehobene M überziehen

= 3 M re zusammenstricken

= 1 M re abheben, 2 M re zusammenstricken und die abgehobene M überziehen

Das einfachste Farbrezept der Welt ist zugleich eines der wirkungsvollsten: Zwei oder mehr Farben, über eine oder mehrere Reihen oder Runden im Wechsel – so entstehen Streifenmuster. Je nach Farbwahl und Breite wirken sie mal plakativ, mal eher dezent, mal kontrastreich, mal fein nuanciert, mal gleichmäßig, mal abwechslungsreich. Ihr Charakter ist meist sportlich, immer lebendig und nie langweilig.

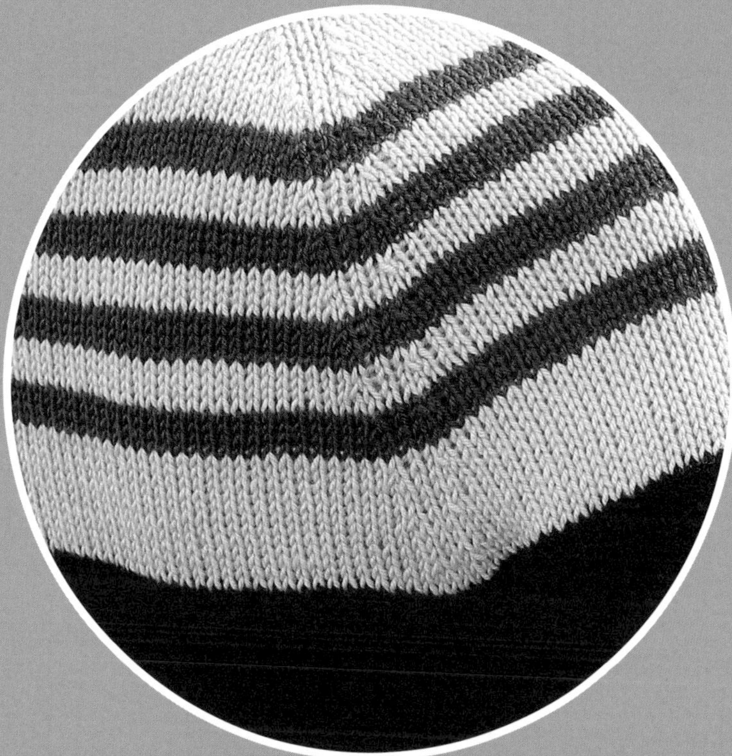

Streifen & Ringel

Strickleichte *Streifen*

Die Raglanpasse wird rund gestrickt, mit sehr dezent betonten Abnahmelinien, ansonsten wird der kurze Ringelpullover schnell und einfach glatt rechts genadelt – mit Ausnahme der Rippenbündchen natürlich. Das spannende Farbtrio Wollweiß-Beige-Blasses Aubergine in dynamischer Abfolge sorgt für den attraktiven Gesamteindruck.

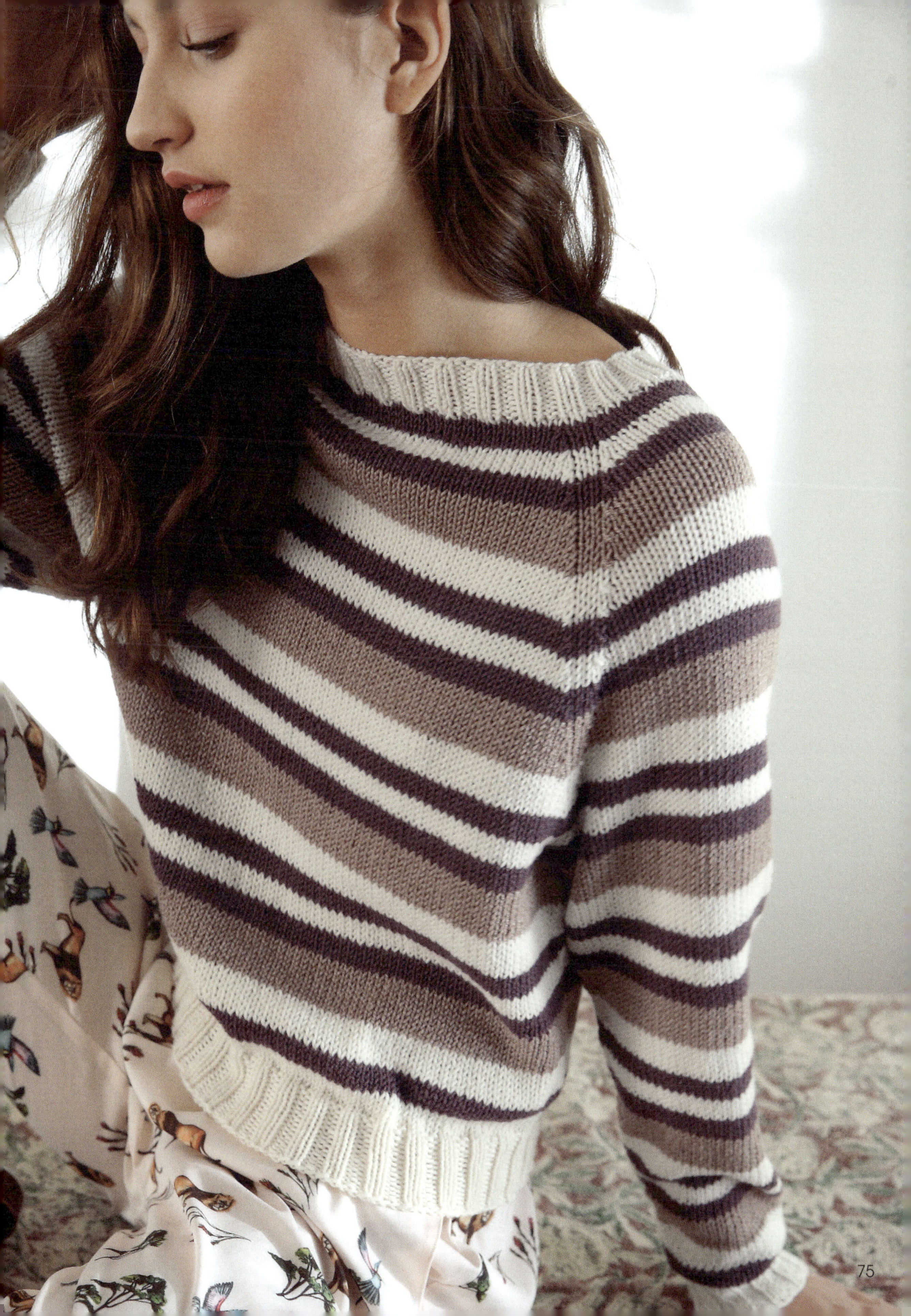

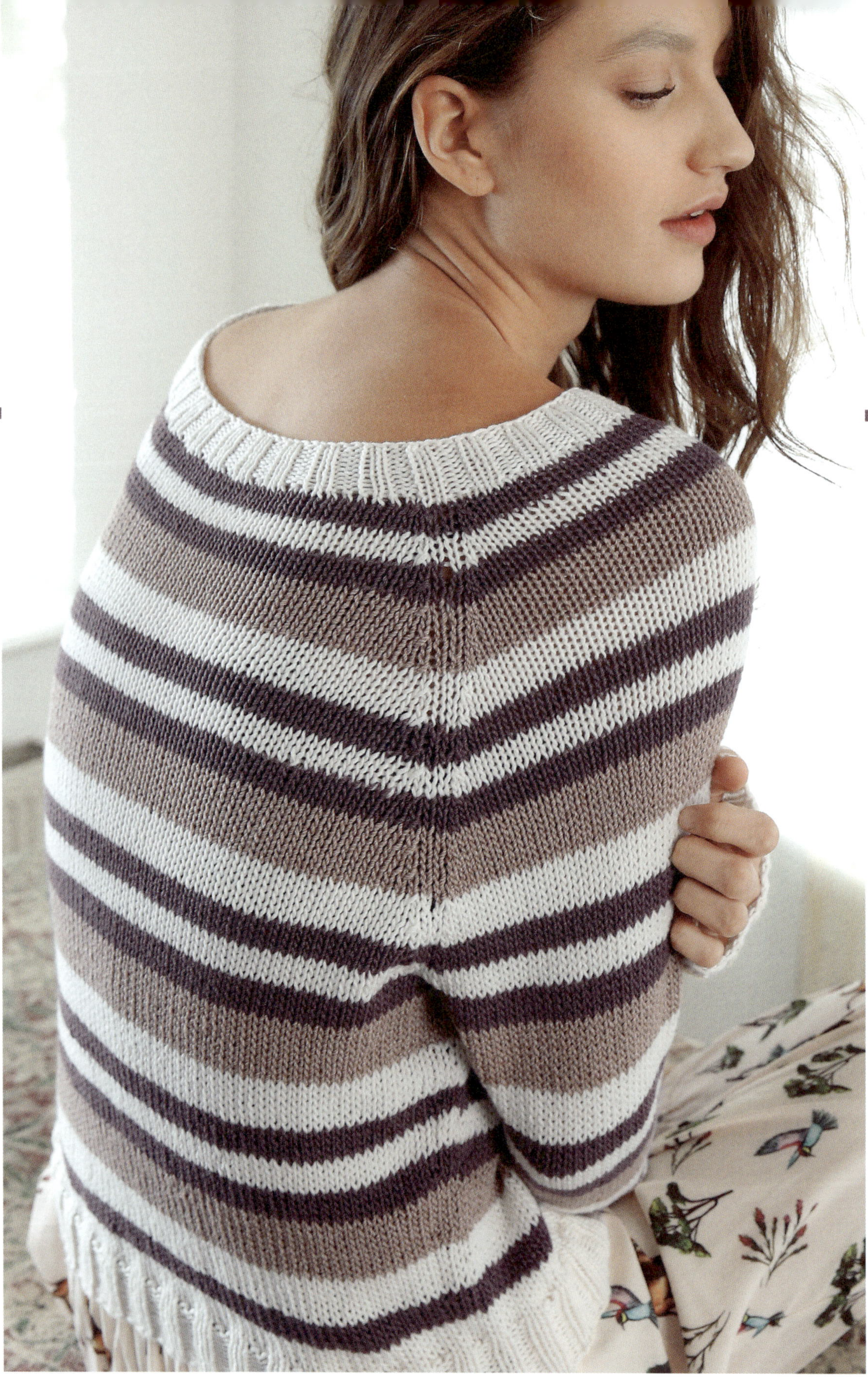

Strickleichte *Streifen*

Kurzer Raglanpullover mit Ringeln

GRÖSSE

36/38 (40/42) 44

Die Angaben für Größe 36/38 stehen vor der Klammer, die Angaben für Größe 40/42 in der Klammer vor dem Strich, die Angaben für Größe 44 in der Klammer nach dem Strich. Bei nur einer Angabe gilt diese für alle Größen.

MATERIAL

ggh-Garn **VOLANTE** (55 % Merino, 45 % Baumwolle; Lauflänge ca. 130 m/50 g) **200 (200/250) g** in Wollweiß **(Fb 8)**, **je 100 (150/150) g** in Blasses Aubergine **(Fb 2)** und in Beige **(Fb 25)**; Stricknadeln Nr. 3,5–4 und 4–4,5; je eine Rundstricknadel Nr. 4–4,5 in 60 und 80 cm Länge; Rundstricknadel Nr. 3,5–4 in 40 cm Länge

MASCHENPROBE

Mit Nadeln 4–4,5 glatt rechts gestrickt, ergeben ca. 19 M und 26 R/Rd = 10 x 10 cm.

MUSTER

Bündchenmuster

2 M rechts, 2 M links im Wechsel stricken.

Glatt rechts

In Hinr rechte M, in Rückr linke M stricken; in Rd nur rechte M stricken.

Streifenfolge

* 4 R/Rd in Wollweiß, 4 R/Rd in Blasses Aubergine, 6 R/Rd in Wollweiß, 8 R/Rd in Beige, 4 R/Rd in Blasses Aubergine; diese 26 R/Rd ab * stets wiederholen.

ANLEITUNG

RÜCKENTEIL

78 (86/94) M in Wollweiß mit Nadeln Nr. 3,5–4 anschlagen und 5 cm im Bündchenmuster stricken.

Weiter mit Nadeln Nr. 4–4,5 glatt rechts in der Streifenfolge stricken. Dabei für die Seitenschrägungen beidseitig in jeder 8. R 5 x 1 M zunehmen = 88 (96/104) M.

Nach 56 (52/48) R glatt rechts bzw. nach 4 R in Weiß (4 R in Blasses Aubergine/8 R in Beige) für die Armausschnitte beidseitig 1 x 5 (7/9) M abketten, dann die restlichen 78 (82/86) M in ca. 27,5 (25,5/24) cm Gesamthöhe stilllegen.

VORDERTEIL

Wie das Rückenteil stricken.

ÄRMEL

42 (46/46) M in Wollweiß mit Nadeln Nr. 3,5–4 anschlagen und 5 cm im Bündchenmuster stricken.

Weiter mit Nadeln Nr. 4–4,5 glatt rechts in der Streifenfolge arbeiten. Dabei für die Ärmelschrägungen beidseitig in jeder 6. R 17 (12/2) x 1 M und in jeder 4. R 0 (7/21) x 1 M zunehmen = 76 (84/92) M.

Nach 108 (104/100) R glatt rechts bzw. nach 4 R in Wollweiß (4 R in Blasses Aubergine/8 R in Beige) für die Armausschnitte beidseitig 1 x 5 (7/9) M abketten, dann die restlichen 66 (70/74) M in ca. 47,5 (45,5/44) cm Gesamthöhe stilllegen.

Den 2. Ärmel ebenso stricken.

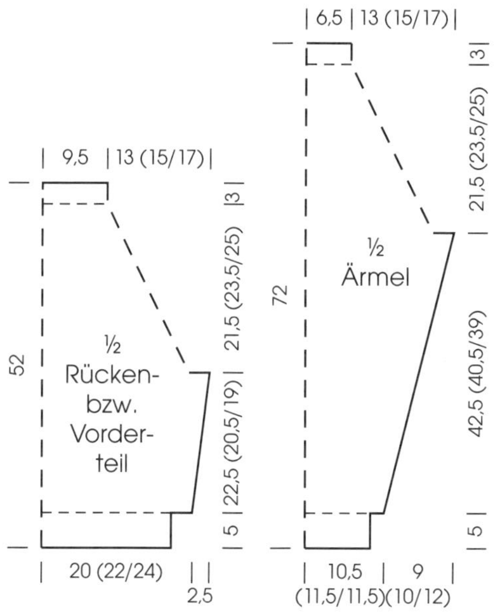

RAGLANPASSE

Weiter in der Streifenfolge arbeiten und mit der langen Rundstricknadel Nr. 4–4,5 die M des Rückenteils, eines Ärmels, des Vorderteils und des 2. Ärmels stricken, dabei bei allen Teilen die ersten 2 M rechts zusammenstricken, die vorletzte M rechts abheben, die letzte M rechts stricken und die abgehobene M überziehen = 280 (296/312) M; die Übergänge markieren.

In der folgenden 2. Rd die Raglanschrägungen beginnen. Dafür bei allen Teilen 1 M stricken, 2 M rechts zusammenstricken, bis 3 M vor die nächste Markierung stricken, dann 1 Überzug arbeiten (= 1 M rechts abheben, 1 M rechts stricken und die abgehobene M überziehen) und 1 M stricken = 272 (288/304) M. Diese Abnahmen an den gleichen Stellen in jeder 3. Rd 14 x und in jeder 2. Rd noch 5 (7/9) x wiederholen = 120 M. Bei entsprechender Maschenzahl auf die kürzere Rundstricknadel wechseln.

In 49 cm Höhe, nach 2 Rd in Wollweiß, weiter in Wollweiß mit der Rundstricknadel Nr. 3,5–4 im Bündchenmuster arbeiten, dabei die Rd mit 1 M rechts, 2 M links beginnen.

In 52 cm Höhe die M abketten.

ZU GUTER LETZT

Das Teil spannen und unter feuchten Tüchern trocknen lassen.

Die Ärmel- und Seitennähte schließen.

Sanfte *Harmonie*

Begonnen wird am Halsausschnitt im Bündchenmuster, dann geht es glatt rechts weiter, die Raglanzunahmen betont jeweils beidseitig eine Lochreihe. Im unteren Teil und an den bauschigen Ärmeln setzt dann das abwechslungsreiche Streifenmuster ein. Ganz ohne Naht und schön feminin aus einem weich fallenden, zart glänzenden Viskosegarn.

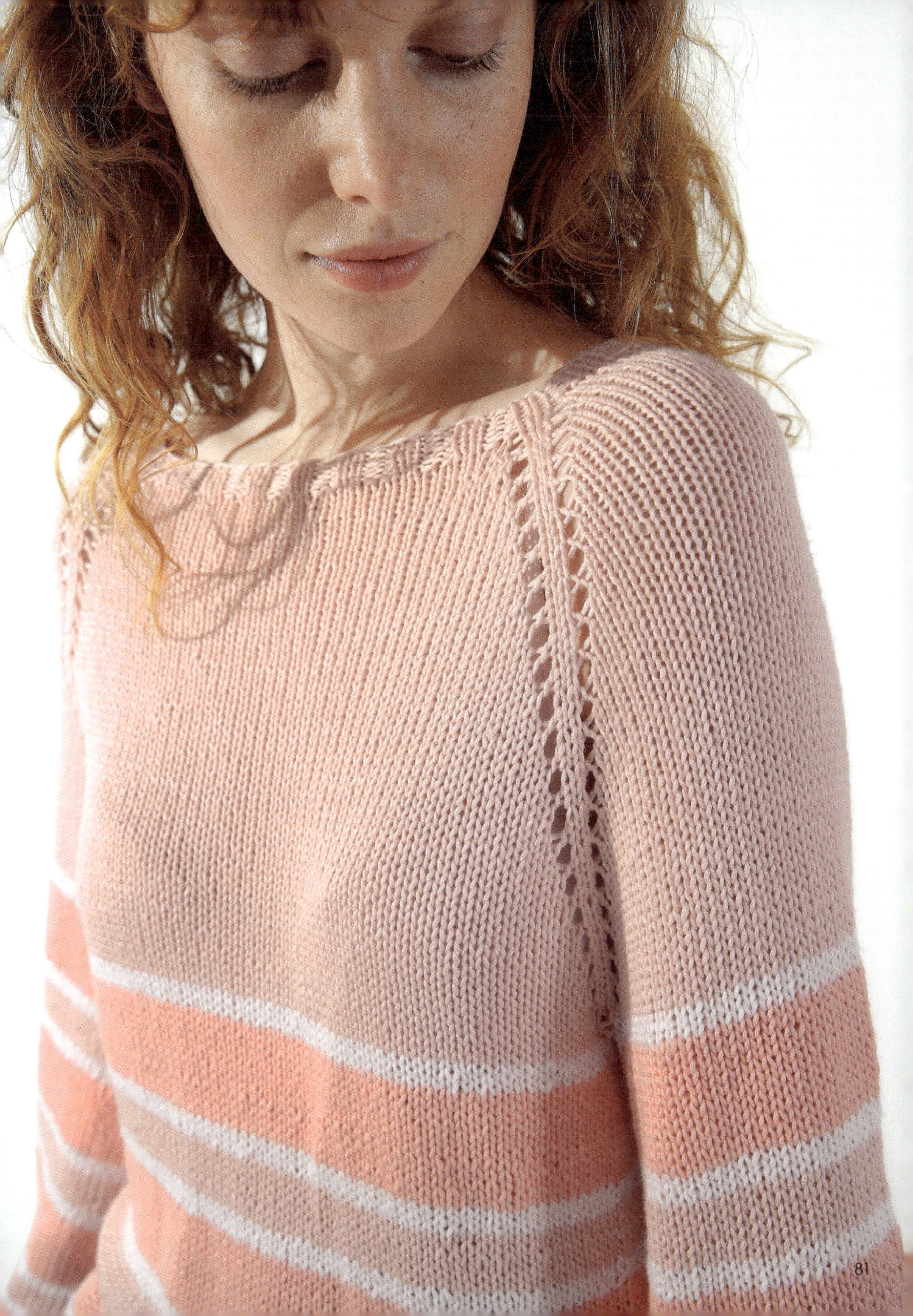

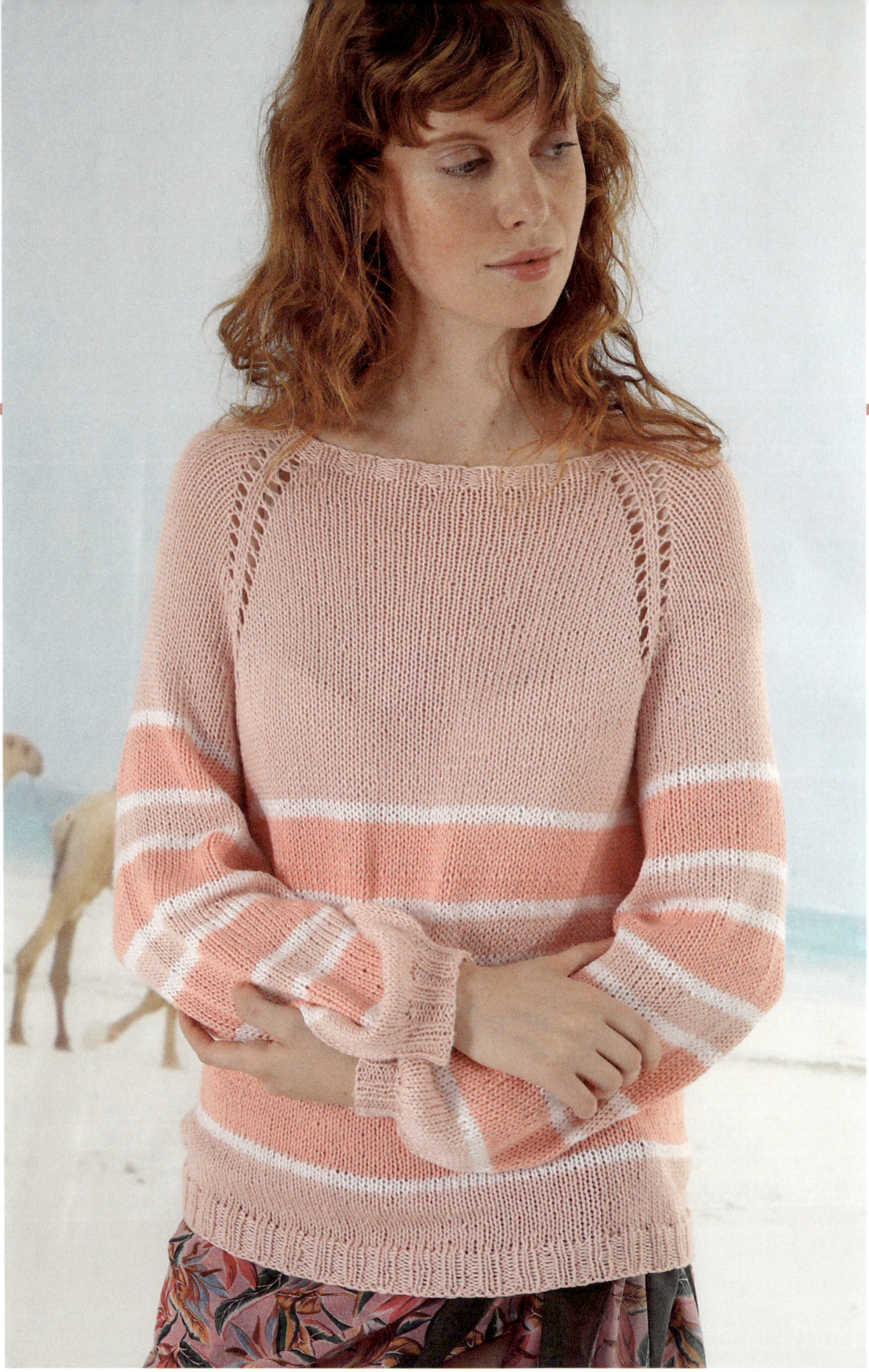

Sanfte Harmonie

Raglan von oben im Streifenmuster

GRÖSSE

36/38 (40/42) 44/46

Die Angaben für Größe 36/38 stehen vor der Klammer, die Angaben für Größe 40/42 in der Klammer vor dem Strich, die Angaben für Größe 44/46 in der Klammer nach dem Strich. Bei nur einer Angabe gilt diese für alle Größen.

MATERIAL

ggh-Garn **TIVOLI** (60 % Modal, 40 % Baumwolle; Lauflänge ca. 130 m/50 g) **150 (200/250) g** in Zartrosa **(Fb 11)**, **50 (100/100) g** in Weiß **(Fb 3)**, **50 (50/50) g** in Apricot **(Fb 13)**; Rundstricknadel Nr. 4,5–5 in 40, 60 und 80 cm Länge; Rundstricknadel Nr. 4–4,5 in 40 cm Länge; Nadelspiel Nr. 4–4,5

MASCHENPROBE

Mit Nadeln Nr. 4,5–5 glatt rechts gestrickt, ergeben 20 M und 28 R = 10 x 10 cm.

MUSTER

Bündchenmuster

2 M rechts, 2 M links im Wechsel stricken.

Glatt rechts

In Hinr rechte M, in Rückr linke M stricken; in Rd alle M rechts stricken.

Streifenfolge

3 Rd Weiß, 12 Rd Apricot, 3 Rd Weiß, 6 Rd Zartrosa = 24 Rd.

ANLEITUNG

Hinweis: Der Pullover wird von oben nach unten gestrickt.

RAGLANPASSE

In Zartrosa mit der Rundstricknadel Nr. 4–4,5 in 40 cm Länge 96 (104/112) M anschlagen und 6 Rd im Bündchenmuster stricken.
Danach wechseln zu Nadeln Nr. 4,5–5 und glatt rechts stricken.
Für die Raglanschrägungen die M wie folgt einteilen: 2 Raglanm, 14 M Ärmel, 2 Raglanm, 30 (34/38) M Vorderteil, 2 Raglanm, 14 M Ärmel, 2 Raglanm, 30 (34/38) M Rückenteil.

In der folgenden und danach noch 19 (21/23) x in jeder 3. Rd vor und nach den Raglanm 1 Umschlag auf die Nadel nehmen und diesen in der folgenden Rd rechts abstricken = 56 (60/64) M je Ärmel und 72 (80/88) M je Vorder- und Rückenteil. Die Ärmelm stilllegen.

VORDER- UND RÜCKENTEIL

Die M von Vorder- und Rückenteil auf eine Nadel nehmen. Zwischen den Teilen je 16 M neu anschlagen = 176 (192/208) M.
Weiter in Rd glatt rechts stricken und mit der Streifenfolge mit 3 Rd Weiß beginnen. Die Streifenfolge 3 x stricken.
Weiter in Zartrosa bis zu einer Höhe von 25 (24/23) cm ab Armloch.
Wechseln zu Nadeln Nr. 4–4,5 und 10 Rd (= 3cm) im Bündchenmuster stricken, dann alle M abketten.

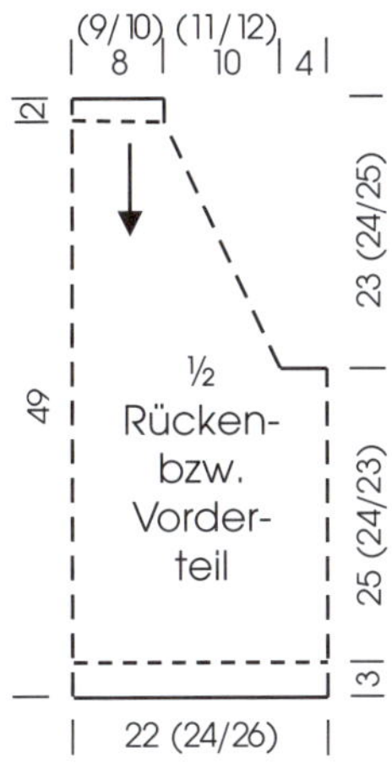

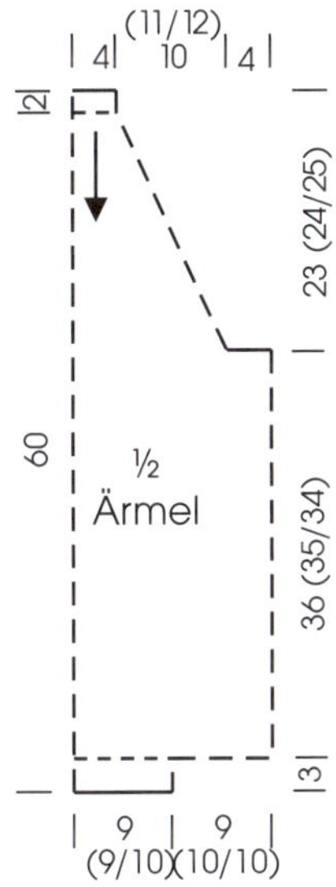

ÄRMEL

Die Ärmelm mit Nadeln Nr. 4,5–5 wieder aufnehmen und zusätzlich 16 M anschlagen = 72 (76/80) M.

4 x die Streifenfolge stricken. Weiter in Zartrosa bis zu einer Höhe von 36 (35/34) cm ab Armloch.

In der folgenden Rd wechseln zu Nadelspiel Nr. 4–4,5 und immer 2 M rechts zusammenstricken = 36 (38/40) M.

10 Rd (= 3cm) im Bündchenmuster stricken. Hierzu für Gr. 40/42 zusätzlich 2 M zusammenstricken, damit das Bündchenmuster aufgeht. Dann alle M abketten.

ZU GUTER LETZT

Die Teile spannen und unter feuchten Tüchern trocknen lassen. Die kleine Unterarmnaht schließen.

Ringel aus dem Knäuel

Einfach nur glatt rechts stricken, das schöne Farbenspiel bringt bei diesem von oben nach unten gestrickten Kuschelpulli die edle Mohair-Seidenmischung mit. Durch die Rundpasse kommen die Farbverläufe superschön über die ganze Breite der Schulterpartie zur Geltung. Absolut trendy sind die extraweiten Ärmel, die durch schmale Ärmelbündchen wunderbar bauschig fallen.

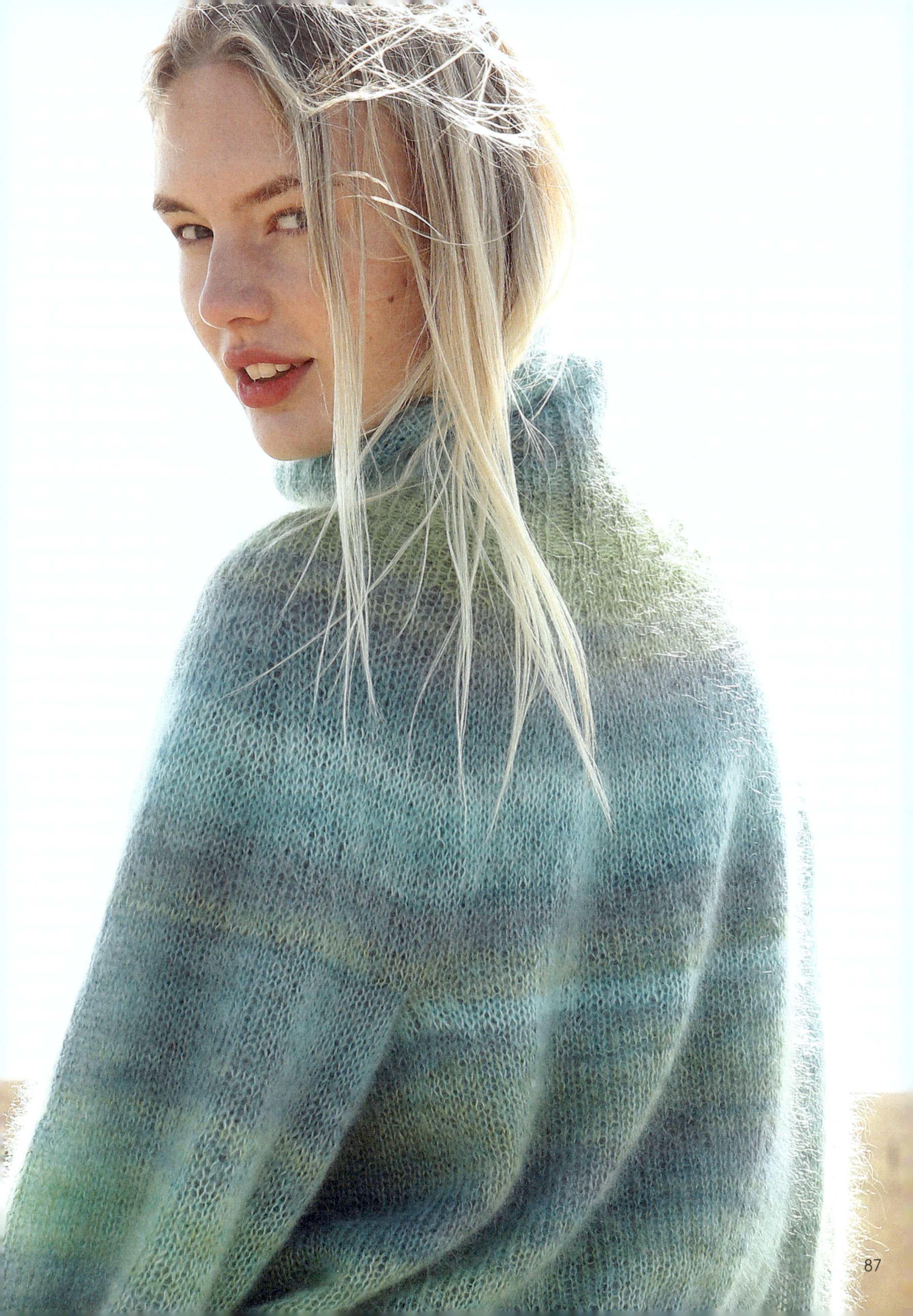

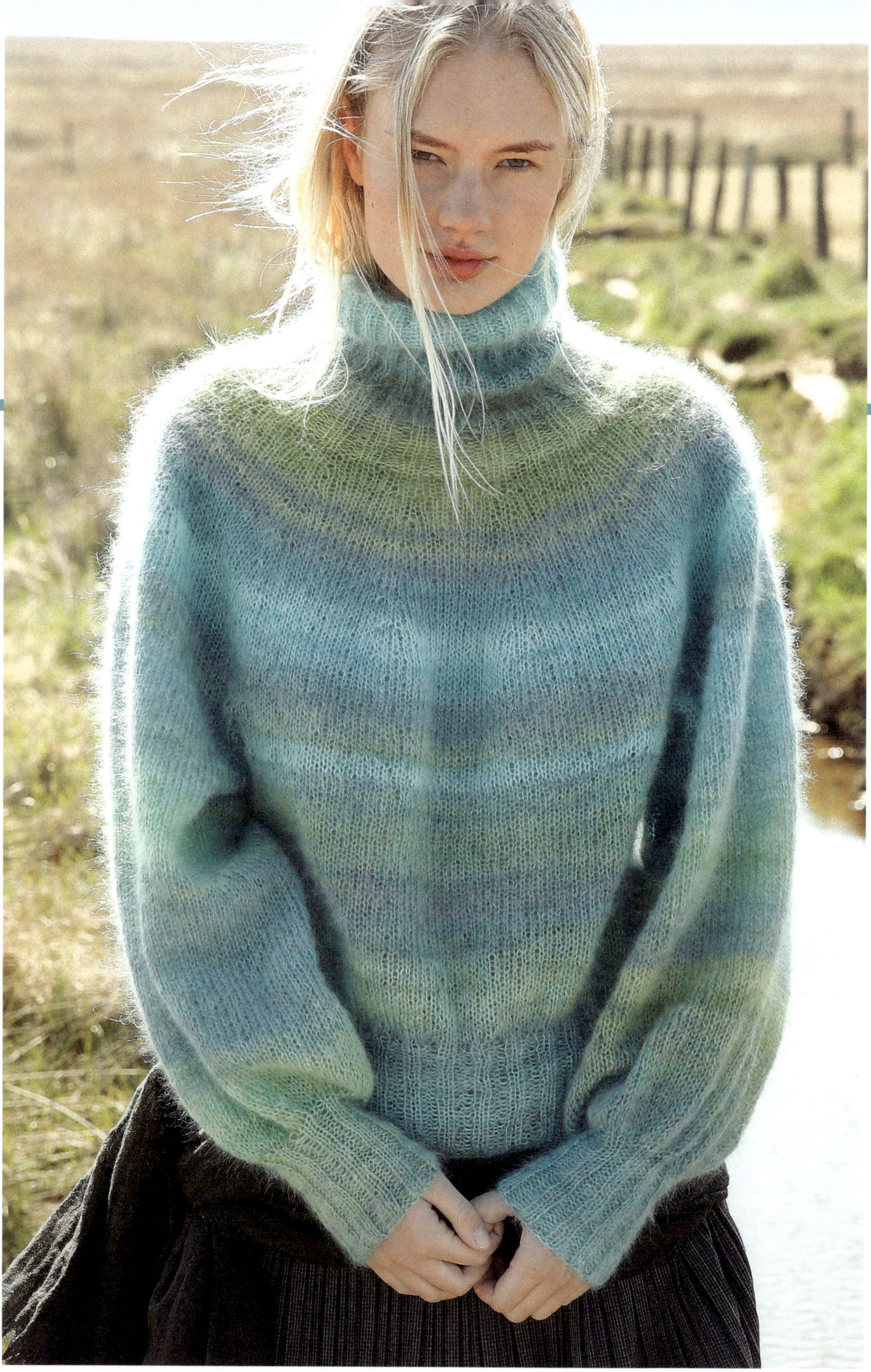

Ringel aus dem Knäuel

Von oben gestrickter Rundpassenpulli aus edler Mohairseide

GRÖSSE

34–38 (40–44) 46/48

Die Angaben für Größe 34–38 stehen vor der Klammer, die Angaben für Größe 40–44 in der Klammer vor dem Strich, die Angaben für Größe 46/48 in der Klammer nach dem Strich. Bei nur einer Angabe gilt diese für alle Größen.

MATERIAL

ggh-Garn **KIDSEDA** (70 % Kid Mohair, 30 % Seide; Lauflänge ca. 210 m/25 g) **225 (250/275) g** in Grüntürkis meliert **(Fb 208)**; Rundstricknadel Nr. 3,5–4 in 40 und 80 cm Länge; Rundstricknadel Nr. 4–5 in 40 und 80 cm Länge; Nadelspiel Nr. 3,5–4

MASCHENPROBE

Mit 2 Fäden und Nadel Nr. 4–5 glatt rechts gestrickt, ergeben 16 M und 24 Rd = 10 x 10 cm. Gesamtlänge des Pullovers ohne Rollkragen = ca. 52 (54/56) cm.

MUSTER

Bündchenmuster

2 M rechts, 2 M links im Wechsel stricken.

Glatt rechts

In Rd nur rechte M stricken.

ANLEITUNG

Hinweis: Der Pullover wird zweifädig gestrickt; dafür bei jedem Knäuel jeweils 1 Faden aus dem Knäuelinneren und 1 Faden von außen nehmen. Die Farbmischung entsteht von allein, die Farben sind bei jedem Pullover unterschiedlich verteilt. Den Pulli in einem Stück von oben nach unten in Rd arbeiten und die Rundstricknadeln der Maschenzahl entsprechend einsetzen.

ROLLKRAGEN

96 M mit 2 Fäden und Nadel Nr. 3,5–4 anschlagen, dann 22 cm im Bündchenmuster stricken.

Weiter mit Nadel Nr. 4–5 glatt rechts stricken. In der 4. Rd die Zunahmen beginnen. Dafür * 1 M rechts, 1 Umschlag, 6 M rechts, 1 Umschlag, 1 M rechts stricken; ab * noch 11 x wiederholen = 120 M. Die Umschläge in der nächsten Rd rechts verschränkt stricken.

Diese Zunahmen an den gleichen Stellen in jeder 5. Rd 7 (8/9) x wiederholen und dabei in jeder Zunahme-Rd die mittleren 6 M der Rapporte um je 2 M verbreitern = 288 (312/336) M.

In ca. 22 (24/26) cm Höhe ab Rollkragen die M in 4 Teile teilen = je 72 (78/84) M für Rücken- und Vorderteil sowie die Ärmel. Dabei die M symmetrisch aufteilen, das heißt darauf achten, dass jeweils der Beginn eines Rapports in den Ärmel-Mitten liegt.

Nun die M der Ärmel stilllegen und Rücken- und Vorderteil beenden.

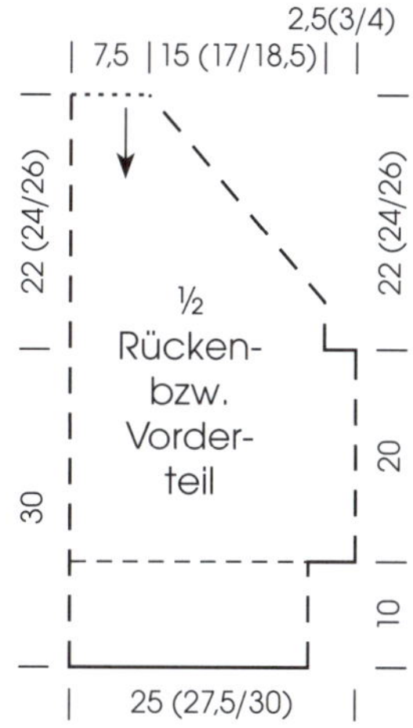

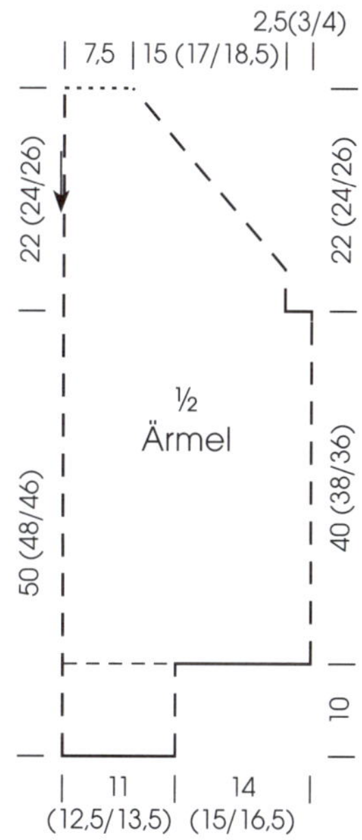

RÜCKEN- UND VORDERTEIL

In der 1. Rd die 72 (78/84) M des Rückenteils stricken, für den Armausschnitt 8 (10/12) M neu anschlagen, die 72 (78/84) M des Vorderteils stricken und für den Armausschnitt 8 (10/12) M neu anschlagen = 160 (176/192) M. Weiter in Rd gerade hoch stricken. In ca. 20 cm Höhe ab Armausschnitt mit Nadel Nr. 3,5–4 im Bündchenmuster stricken.

In ca. 30 cm Höhe ab Armausschnitt die M abketten.

ÄRMEL

Über die 72 (78/84) M eines Ärmels weiterstricken, dabei in der 1. Rd über den M des Armausschnitts 8 (10/12) M herausstricken = 80 (88/96) M.

Weiter glatt rechts stricken. In ca. 40 (38/36) cm Höhe ab Armausschnitt weiter mit dem Nadelspiel arbeiten und noch 1 Rd rechts stricken, dabei immer 2 M rechts zusammenstricken = 40 (44/48) M. Dann im Bündchenmuster stricken, dabei in der 1. Rd noch 4 x je 2 M mustergemäß rechts bzw. links zusammenstricken = 36 (40/44) M.

In ca. 50 (48/46) cm Höhe ab Armausschnitt die M abketten.

Den 2. Ärmel ebenso beenden.

ZU GUTER LETZT

Das Teil spannen und unter feuchten Tüchern trocknen lassen.

Cooles *Understatement*

Kontrastreiche, unaufgeregte Farben, lässige Passform und ein spannender Mix aus Blockstreifen und schmalen Ringeln – dieser Pulli beweist, dass auch mit sparsamen Mitteln stylische Looks entstehen können. Durch die Rundpasse setzen sich die Ringel exakt über Korpus und Ärmel fort. Glatt rechts gestrickt ist dieser vielseitige Pulli auch für Maschenneulinge gut zu schaffen.

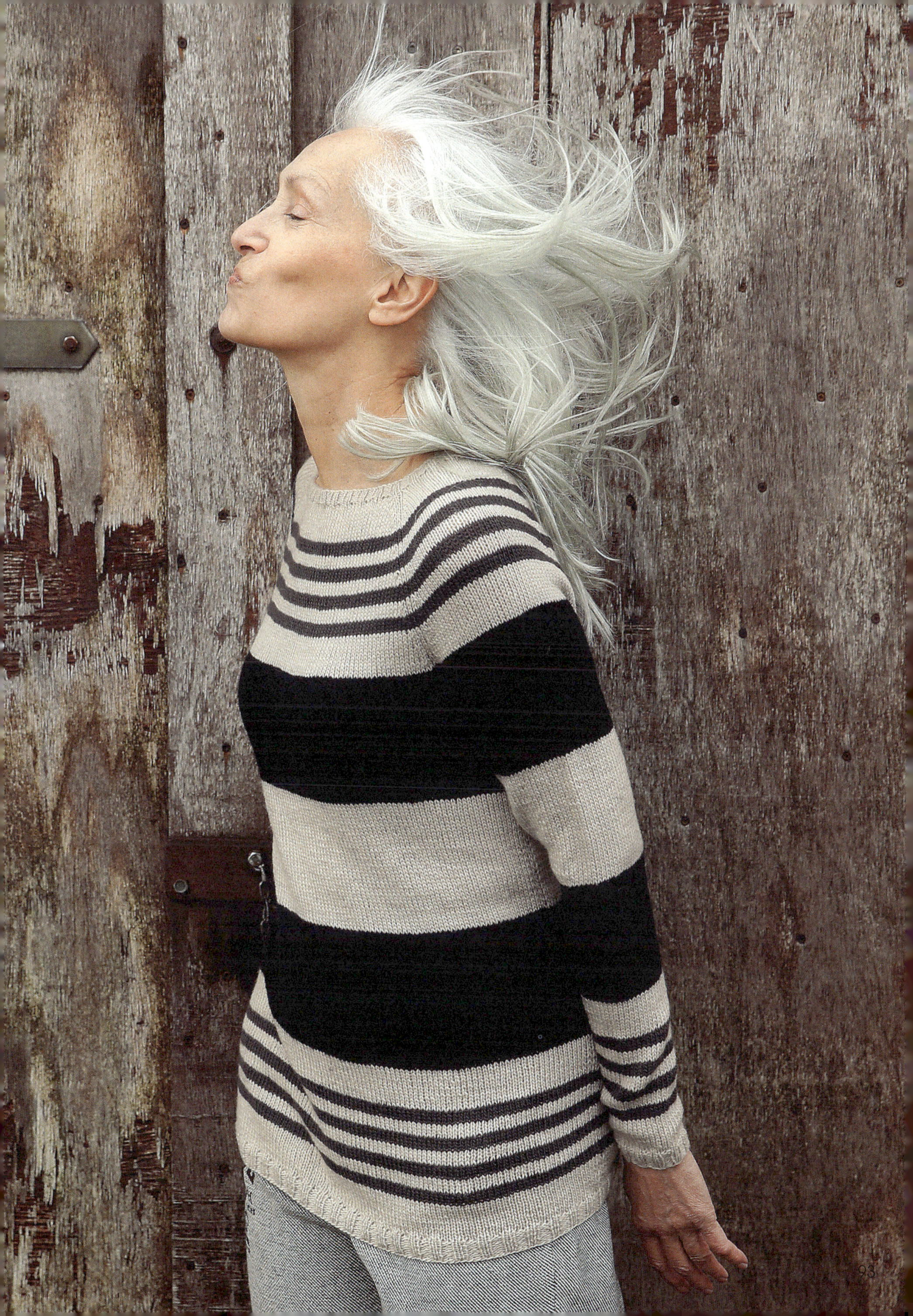

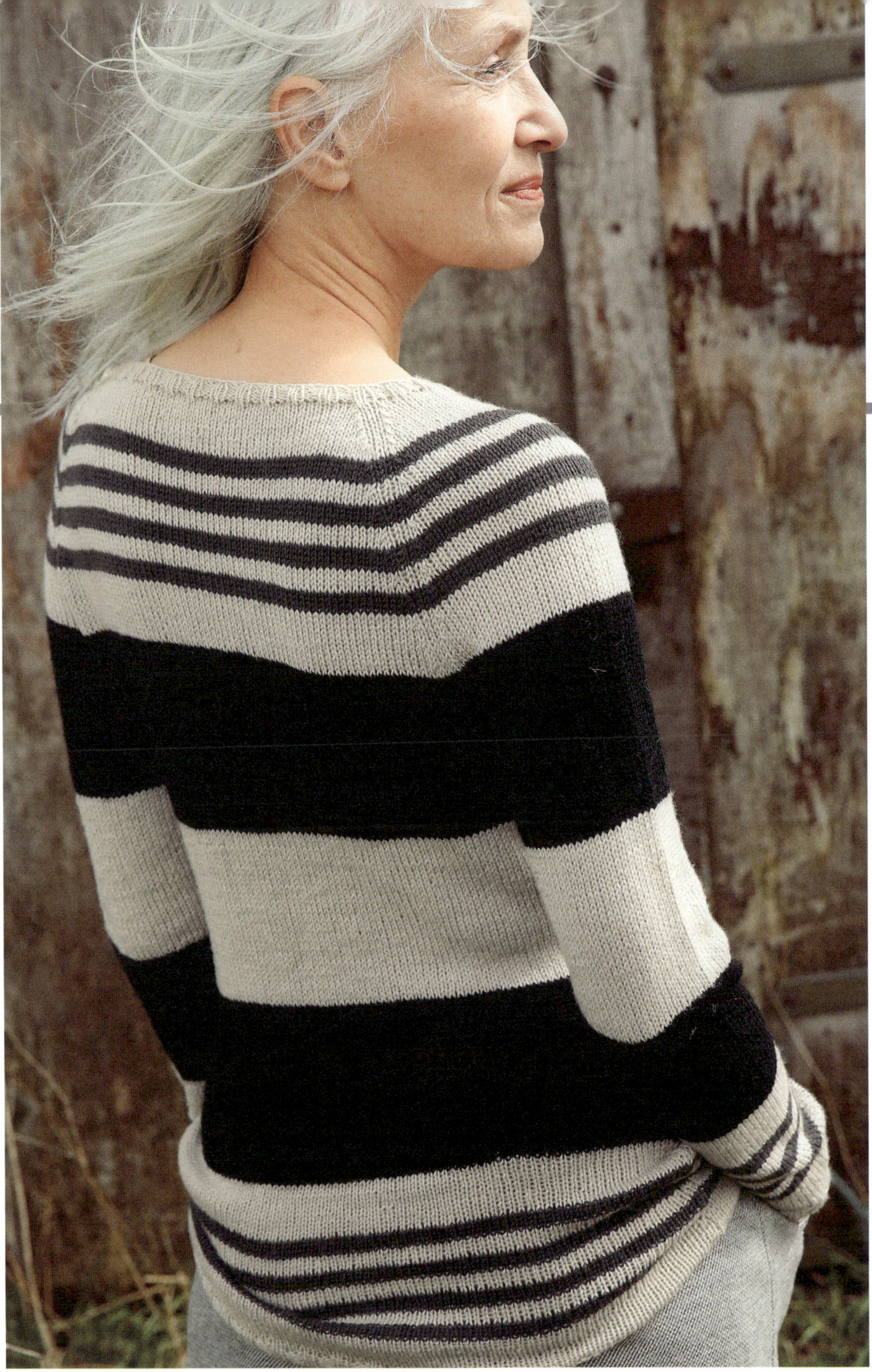

Cooles Understatement

Raglanpullover in Beige und Dunkelgrau

GRÖSSE

34/36 (38/40) 42/44
Die Angaben für Größe 34/36 stehen vor der Klammer, die Angaben für Größe 38/40 in der Klammer vor dem Strich, die Angaben für Größe 42/44 in der Klammer nach dem Strich. Bei nur einer Angabe gilt diese für alle Größen.

MATERIAL

ggh-Garn **ELBSOX 4 UNI** (75 % Schurwolle, 25 % Polyamid; Lauflänge ca. 210 m/50 g) **200 (200/200) g** in Beige **(Fb 5)**, **150 (200/200) g** in Schwarz **(Fb 2)**, **100 (100/100) g** in Dunkelgrau **(Fb 4)**; Stricknadeln Nr. 2,5–3 und 3,5–4; je eine Rundstricknadel Nr. 3,5–4 in 60 und 80 cm Länge; eine Rundstricknadel Nr. 2,5–3 in 40 cm Länge

MASCHENPROBE

Mit Nadeln Nr. 3,5–4 glatt rechts gestrickt, ergeben 24 M und 32 R/Rd = 10 x 10 cm.

MUSTER

Bündchenmuster
2 M rechts, 2 M links im Wechsel stricken.

Glatt rechts
In Hinr rechte M, in Rückr linke M stricken; in Rd nur rechte M stricken.

Streifenfolge
12 R in Beige, 3 x * je 4 R in Dunkelgrau und Beige (= 24 R) *, 4 R in Dunkelgrau, 12 R in Beige, je 36 R/Rd in Schwarz, Beige und Schwarz, 12 Rd in Beige, 3 x * je 4 Rd in Dunkelgrau und Beige (= 24 Rd) *, 4 Rd in Dunkelgrau und 12 Rd in Beige = 212 R/Rd.

ANLEITUNG

RÜCKENTEIL

102 (114/126) M in Beige mit Nadeln Nr. 2,5–3 anschlagen und 2 cm im Bündchenmuster stricken.

Weiter mit Nadeln Nr. 3½–4 glatt rechts in der Streifenfolge arbeiten.

In ca. 48 (45,5/43) cm Gesamthöhe, nach 24 (16/8) R in Schwarz, für die Armausschnitte beidseitig 1 x 7 (9/11) M abketten, dann die restlichen 88 (96/104) M stilllegen.

VORDERTEIL

Wie das Rückenteil stricken.

ÄRMEL

42 (46/50) M in Beige mit Nadeln Nr. 2,5–3 anschlagen und 2 cm im Bündchenmuster stricken.

Weiter mit Nadeln Nr. 3,5–4 glatt rechts in der Streifenfolge arbeiten. Dabei für die Ärmelschrägungen beidseitig in jeder 8. R 15 x 1 M (in jeder 8. R 9 x 1 M und in jeder 6. R 10 x 1 M/in jeder 6. R 17 x 1 M und in jeder 4. R 6 x 1 M) zunehmen = 72 (84/96) M.

In ca. 48 (45,5/43) cm Höhe, nach 24 (16/8) R in Schwarz, für die Armausschnitte beidseitig 7 (9/11) M abketten, dann die restlichen 58(66/74) M stilllegen.

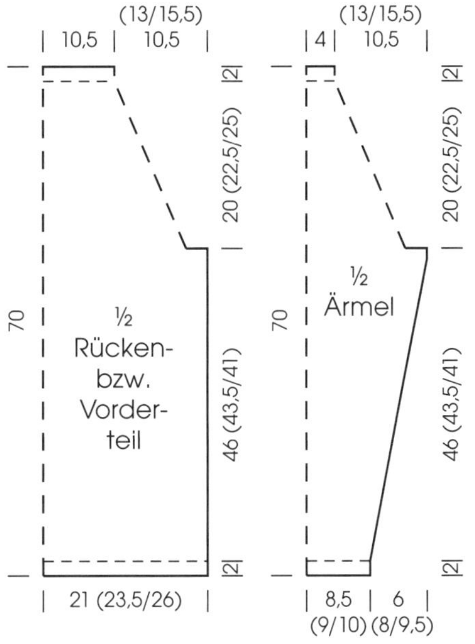

RAGLANPASSE

Mit der langen Rundstricknadel die M des Rückenteils, eines Ärmels, des Vorderteils und des 2. Ärmels stricken, dabei bei allen Teilen die ersten 2 M rechts zusammenstricken, die vorletzte M rechts abheben, die letzte M rechts stricken und die abgehobene M überziehen = 284(316/348) M; die Übergänge markieren.

In der folgenden 2. Rd die Raglanschrägungen beginnen. Dafür bei allen Teilen 1 M stricken, 2 M rechts zusammenstricken, bis 3 M vor die nächste Markierung stricken, dann 1 Überzug arbeiten (= 1 M rechts abheben, 1 M rechts stricken und die abgehobene M überziehen) und 1 M stricken = 276 (308/340) M. Diese Abnahmen an den gleichen Stellen in jeder 4. Rd 13 x und in jeder 2. Rd noch 4 (8/12) x wiederholen = 140 M.

In 68 cm Höhe, nach den 212 R/Rd, weiter mit der Rundstricknadel Nr. 2,5–3 im Bündchenmuster stricken, dabei die Rd mit 1 M rechts, 2 M links beginnen.

In 70 cm Höhe die M abketten.

ZU GUTER LETZT

Das Teil spannen und unter feuchten Tüchern trocknen lassen.

Die Ärmel- und Seitennähte schließen.

Zartes, kuscheliges Mohairmischgarn – das ist das Material, aus dem diese federleichten, feinen und extrasoften Maschenträume entstehen! Das fluffige Material lässt die Pullover feminin und luftig wie ein Hauch wirken – bringt aber gleichzeitig einen tollen Tragekomfort mit! Für zärtlich umschmeichelnde Lieblingspullover, die sich vielseitig stylen lassen!

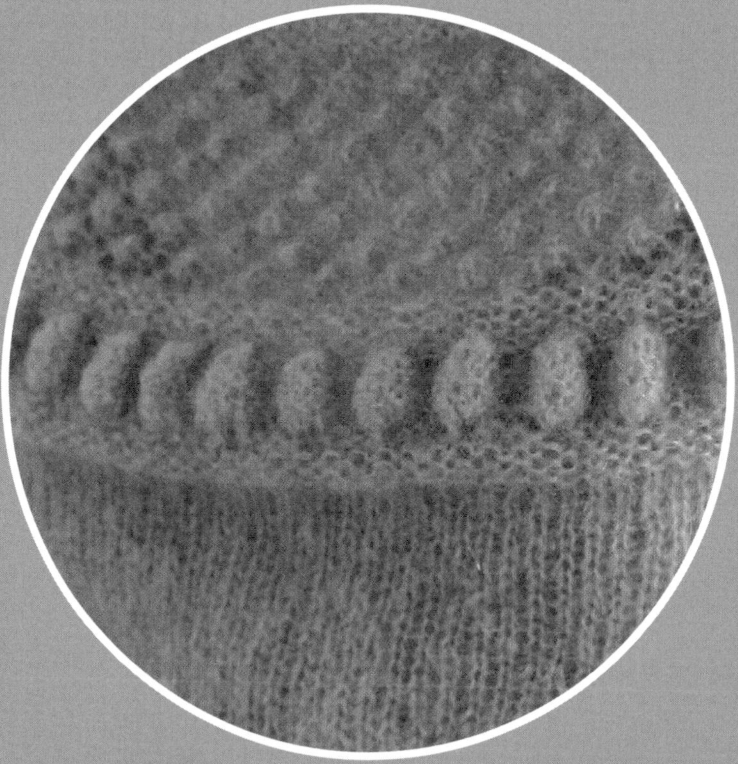

Flausch

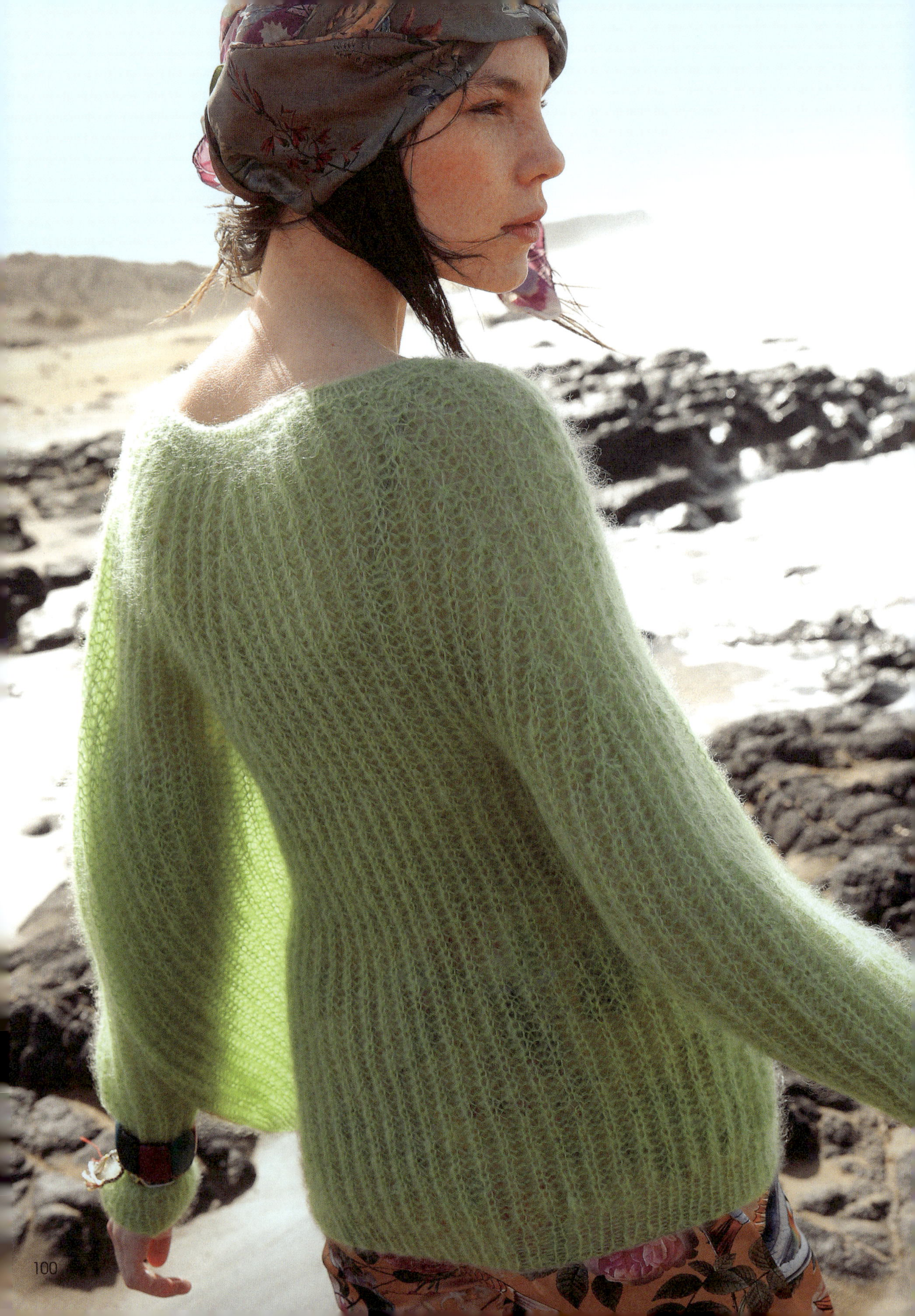

Patente Maschen

Patentmuster bringt von Haus aus viel Volumen mit, aus locker doppelfädig verstricktem Mohair wirkt es extra kuschelflauschig. Der dekorative Verlauf der Patentrippen an Ärmeln und Rundpasse entsteht ganz einfach durch regelmäßige Abnahmen in der Mitte von Rücken- und Vorderteilen sowie den Ärmeln.

Patente Maschen

Weiter Pulli mit dekorativer Rundpasse

GRÖSSE

36–40 (42–46) 48/50
Die Angaben für Größe 36–40 stehen vor der Klammer, die Angaben für Größe 42–46 in der Klammer vor dem Strich, die Angaben für Größe 48/50 in der Klammer nach dem Strich. Bei nur einer Angabe gilt diese für alle Größen.

MATERIAL

ggh-Garn **KID** (65 % Super-Kid-Mohair, 5 % Schurwolle, 30 % Polyamid; Lauflänge ca. 250 m/25 g) **200 (200/250) g** in Pistaziengrün **(Fb 111)**; Stricknadeln Nr. 4–4,5 und 4,5–5; je eine Rundstricknadel Nr. 4–4,5 und Nr. 4,5–5 in 60 und 80 cm Länge; eine Rundstricknadel Nr. 4–4,5 in 40 cm Länge

MASCHENPROBE

Mit Nadeln Nr. 4,5–5 und 2 Fäden im Patentmuster gestrickt, ergeben 14 M und 30 R/Rd = 10 x 10 cm.
Gesamthöhe des Pullis ca. 61 (63/65) cm.

MUSTER

Bündchenmuster
1 M rechts, 1 M links im Wechsel stricken.

Glatt rechts
In Hinr rechte M, in Rückr linke M stricken.

Patentmuster in Reihen
ungerade M-Zahl
1. R (= Rückr): Randm, * 1 M mit 1 Umschlag links abheben, 1 M rechts, ab * wiederholen, 1 M mit 1 Umschlag links abheben, Randm.
2. R (= Rückr): Randm, * 1 M mit Umschlag rechts zusammenstricken, 1 M mit 1 Umschlag links abheben, ab * wiederholen, 1 M mit Umschlag rechts zusammenstricken, Randm.
3. R: Randm, * 1 M mit 1 Umschlag links abheben, 1 M mit Umschlag rechts zusammenstricken, ab * wiederholen, 1 M mit 1 Umschlag links abheben, Randm.
Nach der 1. R die 2. und 3. R stets wiederholen.

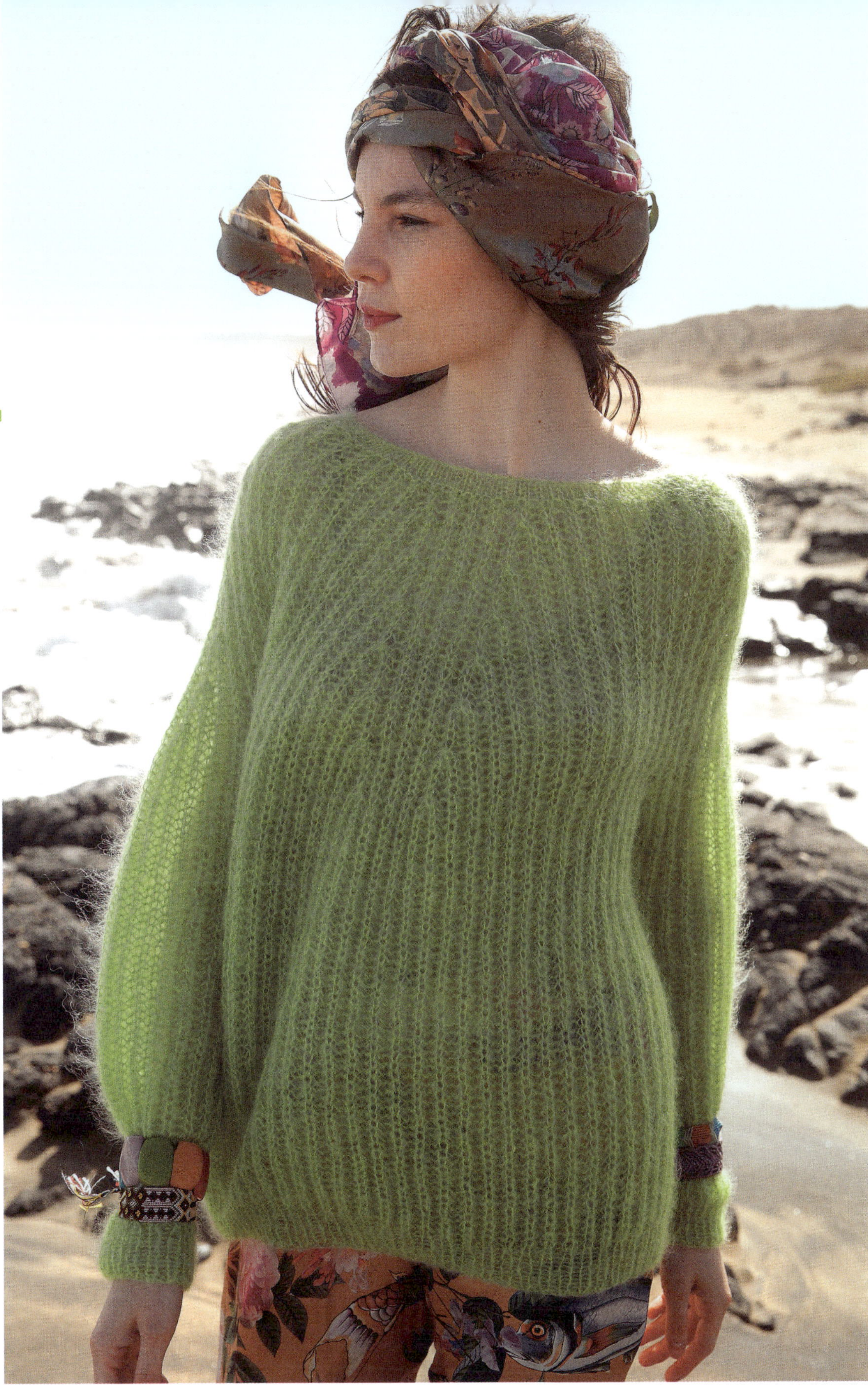

Patentmuster in Runden

gerade M-Zahl

1. Rd: * 1 M mit Umschlag rechts zusammenstricken, 1 M mit 1 Umschlag links abheben, ab * wiederholen.

2. Rd: * 1 M mit 1 Umschlag links abheben, 1 M mit Umschlag links zusammenstricken, ab * wiederholen.

3. Rd: * 1 M mit Umschlag rechts zusammenstricken, 1 M links, ab * wiederholen.

Die 1. und 2. Rd stets wiederholen; zum Schluss die 3. Rd stricken.

Abnahmen

Die mittleren 13 M jedes Teils markieren und jeweils in einer 1. Muster-Rd 1 M mit Umschlag rechts abheben, 2 M mit Umschlag rechts zusammenstricken und die abgehobene M mit Umschlag überziehen; die mittleren 7 M stricken, dann 3 M mit Umschlag rechts zusammenstricken = 4 abgenommene M.

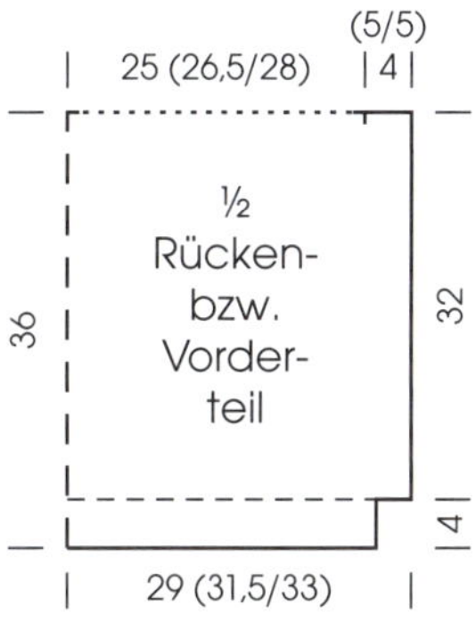

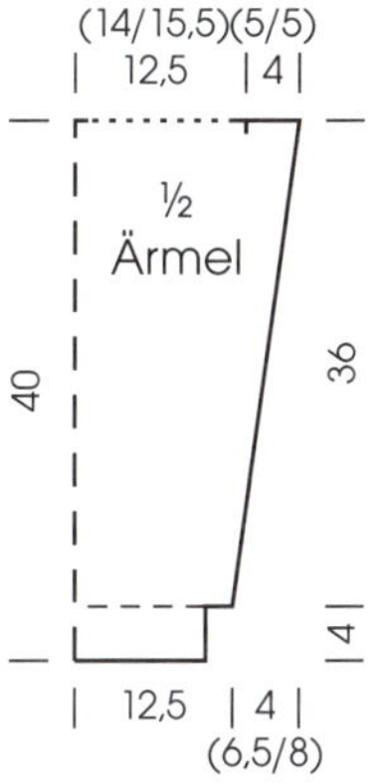

ANLEITUNG

Hinweis: Der Pullover wird zweifädig gestrickt.

RÜCKENTEIL

83 (91/95) M mit Nadeln Nr. 4–4,5 und 2 Fäden anschlagen und im Bündchenmuster stricken. Die 1. Rückr mit Randm, 1 M links beginnen.
In 4 cm Höhe weiter mit Nadeln Nr. 4,5–5 im Patentmuster stricken, dabei mit einer Rückr beginnen.
In 36 cm Höhe in einer Rückr für die Armausschnitte 6 (8/8) M abketten, 71 (75/79) M stricken, 6 (8/8) M abketten, dann die M stilllegen. Die Hinr beginnt nun mit der Randm und 1 rechten Patentm mit Umschlag.

VORDERTEIL

Wie das Rückenteil stricken.

ÄRMEL

37 M mit Nadeln Nr. 4–4,5 und 2 Fäden anschlagen und im Bündchenmuster stricken. Die 1. Rückr mit Randm, 1 M links beginnen.
In 4 cm Höhe weiter mit Nadeln Nr. 4,5–5 im Patentmuster stricken, dabei mit 1 Rückr beginnen.
Für die Ärmelschrägungen beidseitig in jeder 26. (18./14.) R 3 (5/6) x 2 M zunehmen; dafür neben den Randm aus 1 rechten Patentm mit Umschlag jeweils 1 M rechts, 1 M links und 1 M rechts stricken = 49 (57/61) M.
In 40 cm Höhe in einer Rückr für die Armausschnitte 6 (8/8) M abketten, 37 (41/45) M stricken, 6 (8/8) M abketten, dann die M stilllegen. Die Hinr beginnt nun mit der Randm und 1 rechten Patentm mit Umschlag.
Den 2. Ärmel ebenso stricken.

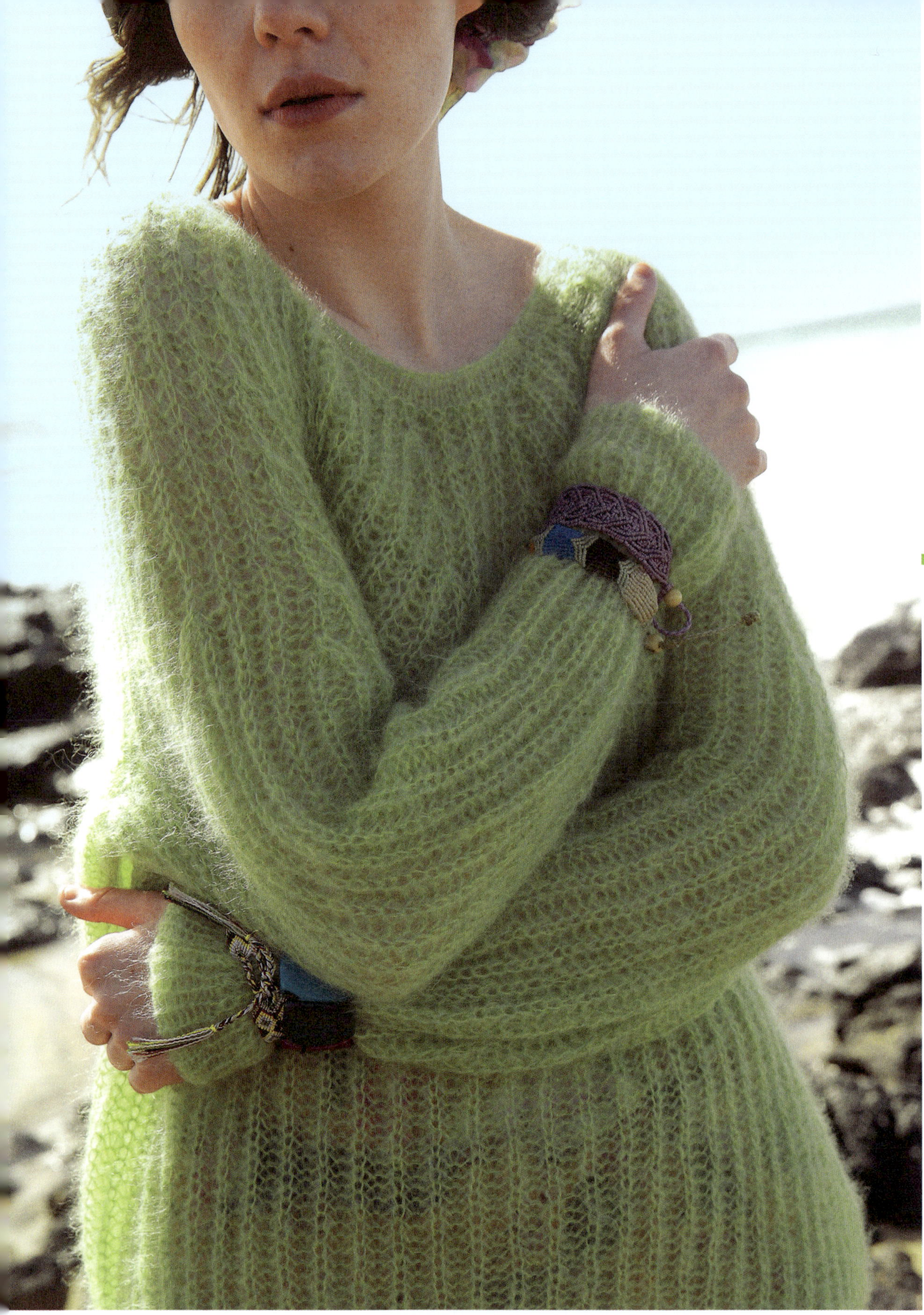

RUNDPASSE

Zuerst für die Abnahmen bei jedem Teil die mittleren 13 M markieren.

Nun mit der langen Nadel die M des Rückenteils, eines Ärmels, des Vorderteils und des 2. Ärmels im Patentmuster arbeiten, dabei an den Übergängen je 2 M links zusammenstricken und am Rd-Ende die letzte M des 2. Ärmels mit der 1. M des Rückenteils links zusammenstricken = 212 (228/244) M.

Weiter über alle M im Patentmuster in Rd stricken.

Nach 2 Rd bzw. in einer 1. Muster-Rd die Abnahmen beginnen (bei entsprechender M-Zahl auf die kürzere Nadel wechseln) und wie unter Abnahmen beschrieben 4 x je 4 M abnehmen = 196 (212/228) M nach dieser Rd. Diese Abnahmen in jeder 10. Rd 6 x wiederholen (nach 8 Rd 1 x und in jeder 10. Rd 6 x wiederholen/in jeder 8. Rd 4 x und in jeder 10. Rd 4 x wiederholen) = 100 M.

4 Rd nach der letzten Abnahme-Rd für den Halsausschnitt die mittleren 39 M des Vorderteils abketten und weiter in Reihen stricken. Dabei beidseitig in jeder 2. R noch 5 x 2 M abketten.

Zugleich 10 Rd/R nach der letzten Abnahme-Rd nur über den mittleren 13 M des Rückenteils die Abnahmen noch 1 x wiederholen. Dann die restlichen 37 M abketten.

ZU GUTER LETZT

Das Teil spannen und unter feuchten Tüchern trocknen lassen.

Für die Halsausschnittblende mit der kurzen Nadel Nr. 4–4,5 und 2 Fäden ca. 90 M aus dem Halsausschnitt herausstricken, dann 1 Rd linke M und 4 Rd rechte M stricken. Danach die M abketten, dabei rechts stricken. Die Ärmel- und Armausschnittnähte schließen.

Feminin & romantisch

Das zarte Rundpassen-Pullöverchen zeigt mit breitem Taillenbund, kurzen Pluderärmeln und einer schönen Rundpasse mit zweierlei Noppenmustern eine fast schon feenhafte Anmutung. Obwohl mit doppeltem Faden gestrickt, reichen schon 150-175 g zartes Mohairmischgarn für das luftige Modell aus.

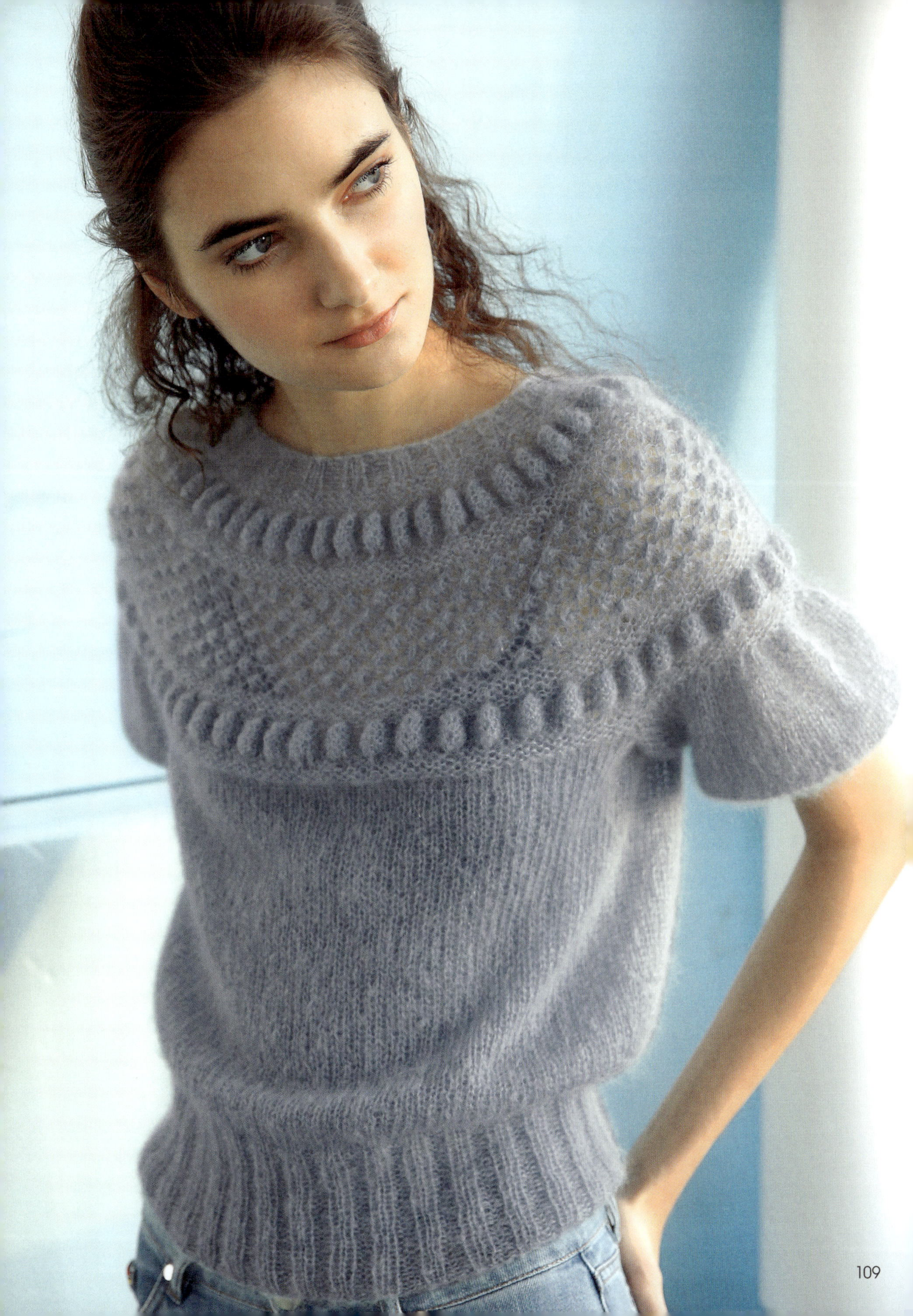

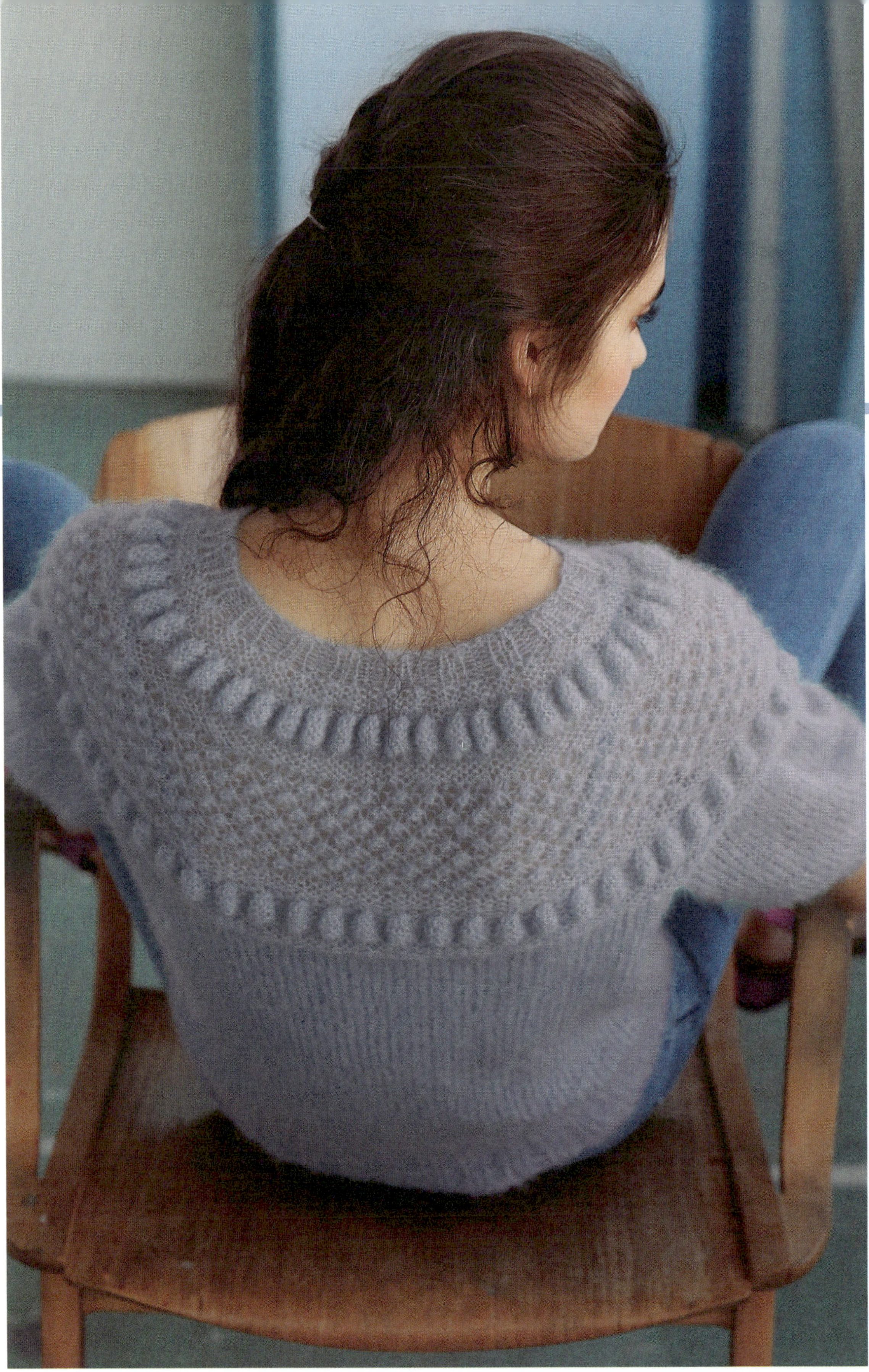

Feminin & romantisch

Kurzarmpulli mit Rundpasse im Noppenmuster

GRÖSSE
34/36 (38/40)
Die Angaben für Größe 34/36 stehen vor der Klammer, die Angaben für Größe 38/40 in der Klammer. Bei nur einer Angabe gilt diese für beide Größen.

MATERIAL
ggh-Garn **KID** (65 % Mohair, 30 % Polyamid, 5 % Wolle; Lauflänge ca. 250 m/25 g) **150 (175) g** in Eisblau **(Fb 139)**; je eine Rundstricknadel Nr. 4 und 4,5 jeweils in 40 und 60cm Länge

MASCHENPROBE
Mit 2 Fäden und Nadeln 4,5 glatt rechts gestrickt, ergeben 16 M und 26 R = 10 x 10 cm.

MUSTER
Bündchenmuster
2 M rechts, 2 M links im Wechsel stricken.

Glatt rechts
In Hinr rechte M, in Rückr linke M stricken; in Rd nur rechte M stricken.

Großes Noppenmuster
M-Zahl teilbar durch 3 M.
1. Rd: * 2 M rechts, 5 M in 1 M stricken (= 1 M rechts, 1 Umschlag, 1 M rechts, 1 Umschlag, 1 M rechts) *. Von * bis * fortlaufend wiederholen.
2.–5. Rd: Rechte M.
6. Rd: * 2 M rechts, dann die Noppenm links zusammenstricken *. Von * bis * fortlaufend wiederholen.

Kleines Noppenmuster
M-Zahl teilbar durch 2 M.
1. Rd: * 3 M in 1 M stricken (= 1 M rechts, 1 Umschlag, 1 M rechts), 2 M links zusammenstricken *. Von * bis * fortlaufend wiederholen.
2., 4., 6. Rd: Rechte M.
3. Rd: * Die 3 Noppenm links zusammenstricken, 3 M in 1 M stricken (= 1 M rechts, 1 Umschlag, 1 M rechts) *. Von * bis * fortlaufend wiederholen.
5. Rd: * 3 M in 1 M stricken, 3 Noppenm links zusammenstricken *. Von * bis * fortlaufend wiederholen.

ANLEITUNG

VORDER- UND RÜCKENTEIL

Bis zu den Armausschnitten in Rd stricken. Mit Nadeln Nr. 4 und 2 Fäden 124 (132) M anschlagen, zur Rd schließen und 10 cm im Bündchenmuster stricken. Danach zu Nadeln Nr. 4,5 wechseln und weiter glatt rechts stricken.

An den Übergängen von Vorder- zu Rückenteil 4 M markieren. Der Rd-Übergang liegt an einer Seitennaht. In der 1. Rd nach dem Bündchen und noch 3 x in jeder 5. Rd vor und nach den Markierungen 1 M aus dem Querfaden zunehmen = 140 (148) M.

In 35 (37) cm Gesamthöhe beidseitig für die Armausschnitte 16 M abketten. Vorder- und Rückenteil bestehen nun jeweils aus 54 (58) M. Die M stilllegen.

ÄRMEL

Mit Nadeln Nr. 4 und 2 Fäden 38 (42) M anschlagen, zur Rd schließen und 6 cm im Bündchenmuster stricken.

Danach zu Nadeln Nr. 4,5 wechseln und weiter glatt rechts stricken.

In der 1. Rd 32 M zunehmen, indem M aus dem Querfaden gestrickt werden = 70 (74) M. Weiter glatt rechts arbeiten und in 20 (22) cm Gesamthöhe beidseitig 9 M abketten = 52 (56) M.

PASSE

54 (58) M des Vorderteils, 52 (56) M eines Ärmels, 54 (58) M des Rückenteils und 52 (56) M des zweiten Ärmels auf eine Nadel stricken und zur Rd schließen = 212 (228) M.

1 Rd rechte M stricken, dabei an den Übergängen der Teile jeweils 2 M rechts zusammenstricken = 208 (224) M.

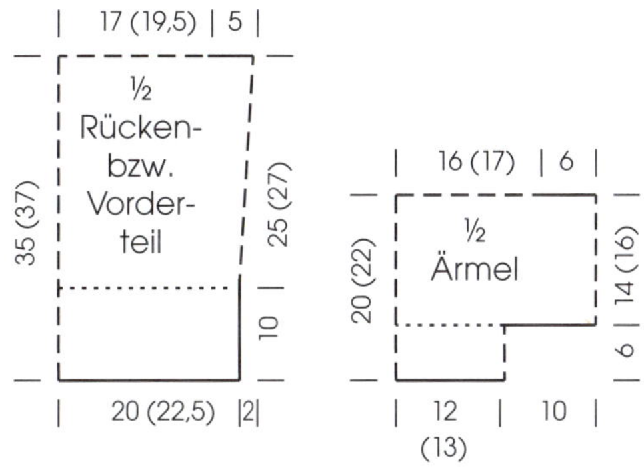

Gleichzeitig über den mittleren 40 M beider Ärmel 20 (22) x 2 M rechts zusammenstricken und so je Ärmel 20 (22) M abnehmen = 168 (180) M.
Nun mit dem Muster beginnen. Das Muster wird auf der linken Seite gestrickt, damit die Noppen auf der rechten Seite plastisch herauskommen. Darum den Pullover auf links wenden, sodass die linke Strickseite außen liegt.
Zunächst 3 Rd rechte M und 1 Rd linke M stricken. Dann weiter im Großen Noppenmuster arbeiten und 1 x die 1.–6. Rd stricken.
Danach wie folgt 1 Querrippe arbeiten: 1 Rd linke M, dabei 12 x 2 M links zusammenstricken, 3 Rd rechte M = 156 (168) M.
Weiter im kleinen Noppenmuster arbeiten. Die 1.–6. Rd 1 x stricken, die 3.–6. Rd 2 x wiederholen und noch 1 x die 1.–2. Rd arbeiten, dabei aber in der 1. Rd abweichend nur 2 M aus 1 M stricken.
Dann 1 Querrippe wie folgt arbeiten: 1 Rd linke M, dabei 12 x 2 M links zusammenstricken = 144 (156) M. Im Anschluss 3 Rd rechte M und 1 Rd linke M stricken.
Dann weiter im Großen Noppenmuster arbeiten und 1 x die 1.–6. Rd stricken = 48 (52) Noppen.
Dann 1 Querrippe wie folgt arbeiten: 1 Rd linke M, dabei 24 x 2 M links zusammenstricken = 120 (132) M. Danach 3 Rd rechte M sowie 1 Rd linke M stricken, dabei 40 (44) x * 1M links, 2 M links zusammenstricken * wiederholen = 80 (88) M.
Wechseln zu Rundstricknadel Nr. 4 und 6 Rd im Bündchenmuster stricken, dann alle M abketten.

ZU GUTER LETZT

Die Teile spannen und unter feuchten Tüchern trocknen lassen.
Die kleine Unterarmnaht schließen.

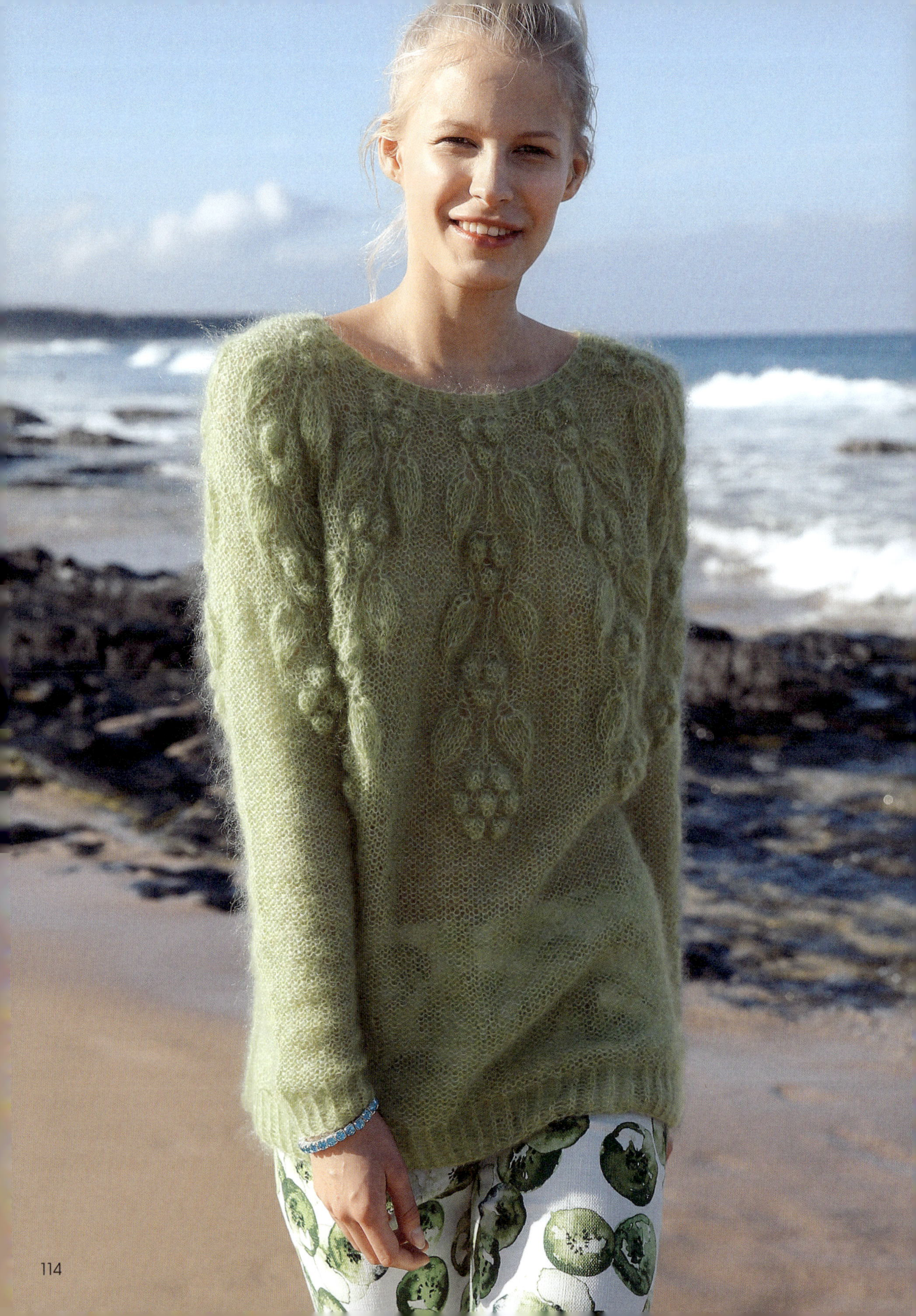

Üppige Blütenranken

Bildschöne Noppenblüten und ein dekoratives Blattmuster machen den von oben nach unten gestrickten Mohairpulli zum absoluten Hingucker! Das kunstvolle Maschenbild erfordert einiges an Konzentration und Strickfertigkeit, das Ergebnis ist jedoch die Mühe wert und wird ganz bestimmt viel Bewunderung ernten.

Üppige Blütenranken

Mohairpulli mit Blattmuster und Noppenblüten

GRÖSSE

36–40 (42/44) 46/48

Die Angaben für Größe 36–40 stehen vor der Klammer, die Angaben für Größe 42/44 in der Klammer vor dem Strich, die Angaben für Größe 46/48 in der Klammer nach dem Strich. Bei nur einer Angabe gilt diese für alle Größen.

MATERIAL

ggh-Garn **KID** (65 % Super-Kid-Mohair, 30 % Polyamid, 5 % Schurwolle; Lauflänge ca. 250 m/25 g); **75 (100/100) g** in Pistaziengrün **(Fb 111)**; ggh-Garn **KID MELANGE** (65 % Super-Kid-Mohair, 30 % Polyamid, 5 % Schurwolle; Lauflänge ca. 250 m/25 g); **75 (100/100) g** in Jade meliert **(Fb 27)**; Stricknadeln Nr. 6–7; je eine Rundstricknadel Nr. 6–7 in 40, 60, 80 und 100 cm Länge

MASCHENPROBE

Mit Nadeln Nr. 6–7 und 2 Fäden glatt links gestrickt, ergeben 14 M und 21–22 Rd/R = 10 x 10 cm.

MUSTER

Bündchenmuster

1 M rechts verschränkt und 1 M links verschränkt im Wechsel stricken.

Glatt links

In Hinr linke M, in Rückr rechte M stricken; in Rd nur linke M stricken.

Blattmuster

Siehe Schema. Es sind nur gerade Rd gezeichnet; in ungeraden Rd die M stricken, wie sie erscheinen, die Umschläge links stricken. Leere Flächen haben keine Bedeutung; sie dienen nur der besseren Übersicht und werden beim Stricken übergangen.

Hinweis: Die Maschenzahl ändert sich innerhalb des Musters; nach der 9. Rd, 27. Rd, 45. Rd bzw. nach der 67. R/Rd ist wieder die ursprüngliche Maschenzahl auf der Nadel. 1 x die 1. bis 67. Rd/R stricken. Das Blattmuster ist in Größe 36-40 gezeichnet. In den größeren Größen werden zusätzlich M zugenommen und der Rapport ist 24 bzw 26 M breit.

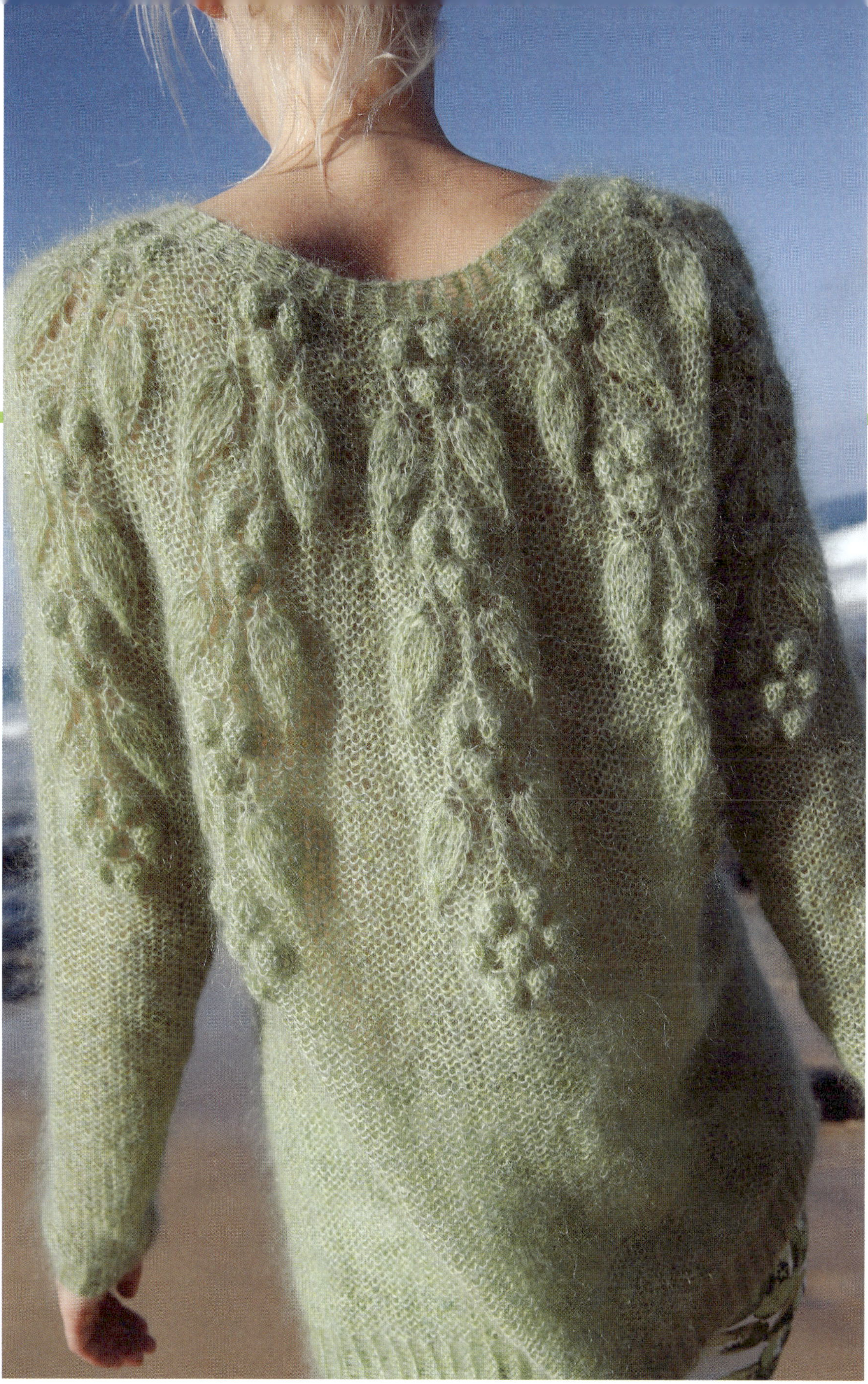

ANLEITUNG

Hinweis: Der Pullover wird zweifädig gestrickt, mit je 1 Faden in beiden Qualitäten. In einem Stück von oben nach unten stricken. Die Rundstricknadeln der Maschenzahl entsprechend einsetzen. Die M können erst nach Ende von Blattmuster und Noppen gezählt werden! Deshalb 10 x vor jedem Rapport eine Markierung anbringen. Es werden je 3 Rapporte für Vorder- und Rückenteil und je 2 Rapporte für die Ärmel gestrickt; Rd-Wechsel ist am Beginn des Rückenteils. Nach der 67. Muster-Rd/R weiter über alle M glatt links stricken.

PASSE

80 M mit 2 Fäden anschlagen, M zur Runde schließen und im Bündchenmuster stricken.

In 2 cm Höhe weiter im Blattmuster arbeiten = 10 x der Anfangs-Rapport von 8 M. Dabei die Zunahmen wie gezeichnet stricken.

Dann für Größe 36–40 gerade hoch weiterstricken; die Zunahmen für Größe 42/44 in der 53. Rd noch 1 x, für Größe 46/48 in der 53. und in der 63. Rd noch je 1 x im gleichen Prinzip wiederholen (= vor der 1. und nach der letzten M jedes Rapports 1 M zunehmen). Nach allen Zunahmen sind die Rapporte jeweils 22 (24/26) M breit.

In 28 (30/32) cm Höhe, nach 56 (60/64) Muster-Rd, weiter in 4 Teilen arbeiten.

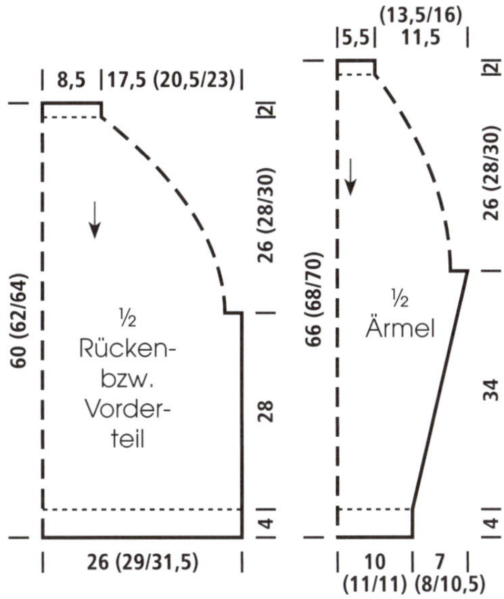

RÜCKENTEIL

Mit einem neuen Faden arbeiten und für den Armausschnitt 4 (5/6) M neu anschlagen, dann für das Rückenteil 3 Rapporte und die 1. M des 4. Rapports stricken, danach noch 4 (5/6) M neu anschlagen = 75 (83/91) M nach der 67. Muster-R.
In 56 (58/60) cm Gesamthöhe noch 4 cm im Rippenmuster stricken, dann die M abketten.

1. ÄRMEL

Für den 1. Ärmel 4 (5/6) M neu anschlagen, dann die folgenden 2 Rapporte ohne die 1. M des 1. Rapports stricken, danach noch 4 (5/6) M neu anschlagen = 51 (57/63) M nach der 67. Muster-R.
Dabei für die Ärmelschrägungen beidseitig in jeder 4. R 0 (6/15) x 1 M und in jeder 6. R 10 (6/0) x 1 M abketten = 31(33/33) M.
In 62 (64/66) cm Gesamthöhe noch 4 cm im Rippenmuster stricken, dann die M abketten.

VORDERTEIL UND 2. ÄRMEL

Über die restlichen M das Vorderteil wie das Rückenteil, dann den 2. Ärmel wie den 1. Ärmel arbeiten.

ZU GUTER LETZT

Das Teil spannen und unter feuchten Tüchern trocknen lassen.
Die Ärmel- und Seitennähte schließen.

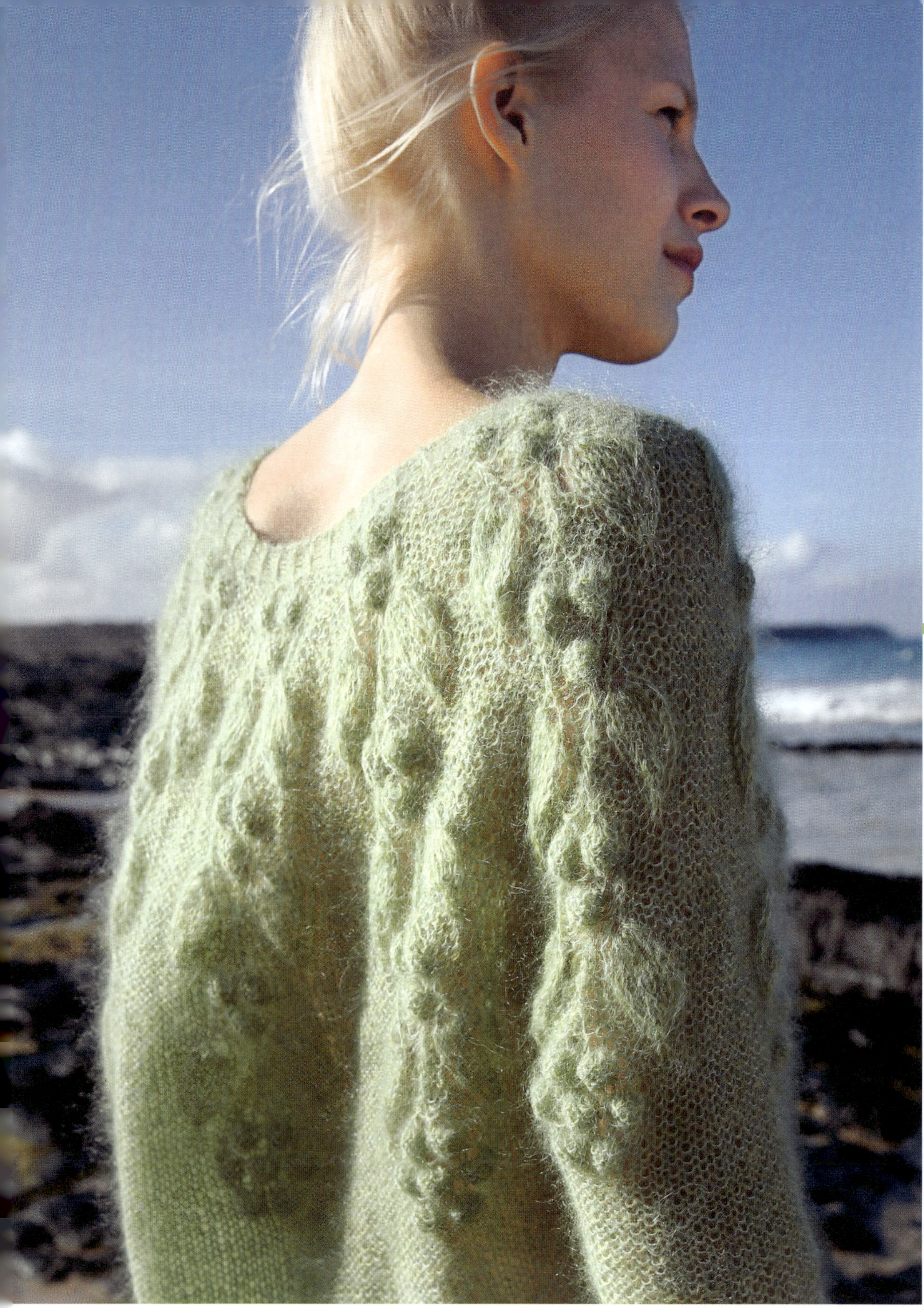

Schema für das Blattmuster für Größe 36–40

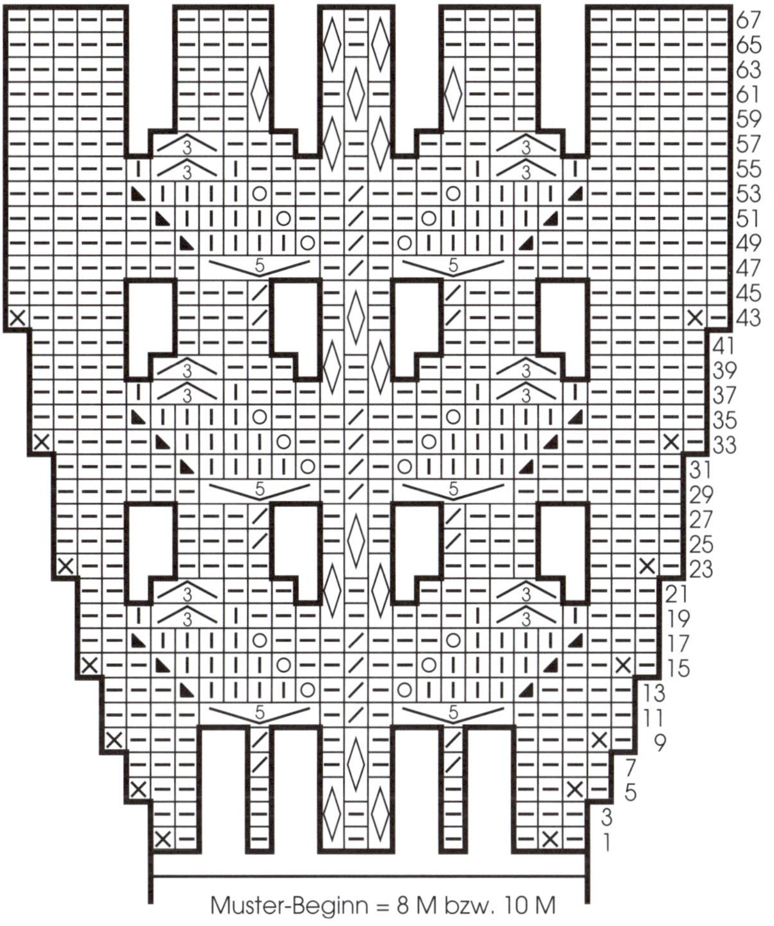

Zeichenerklärung

⊟ = 1 M links

⎕I = 1 M rechts

☒ = 1 M links verschränkt aus dem Querfaden stricken

⧄ = 1 M rechts verschränkt

⊡ = 1 Umschlag, in geraden Rd den Umschlag links stricken

◢ = 2 M rechts zusammenstricken

◣ = 1 Überzug (= 1 M rechts abheben, 1 M rechts stricken und die abgehobene M überziehen)

[5] = aus 1 M 5 M stricken (= 1 M rechts verschränkt, 1 Umschlag, 1 M rechts verschränkt, 1 Umschlag und 1 M rechts verschränkt), in geraden Rd 5 M rechts stricken

[3] = 1 doppelter Überzug (= 2 M zusammen rechts abheben, 1 M rechts stricken und die abgehobenen M überziehen), in geraden Rd 1 M rechts stricken

◊ = 1 Noppe:

1. Rd: 1 M links stricken

2. Rd: aus der M 5 M stricken (= 1 M rechts verschränkt, 1 Umschlag, 1 M rechts verschränkt, 1 Umschlag und 1 M rechts verschränkt)

3. und 4. Rd: 5 M links stricken

5. Rd: 5 M links zusammenstricken

6. Rd: 1 M rechts stricken

Von Zyklam bis Purpurrot

Dreifädig aus superkuscheligem Mohairmischgarn gestrickt, wird dieser gemütliche Rollkragenpullover glatt rechts in Runden genadelt und bei der Fertigstellung auf links gewendet. Der tolle Farbverlauf entsteht durch allmählichen Wechsel: Gestartet wird mit drei Fäden in Zyklam, in der Rundpasse wird dann ein Faden nach dem anderen ausgetauscht bis zum Rollkragen, der in drei Fäden Purpurrot leuchtet.

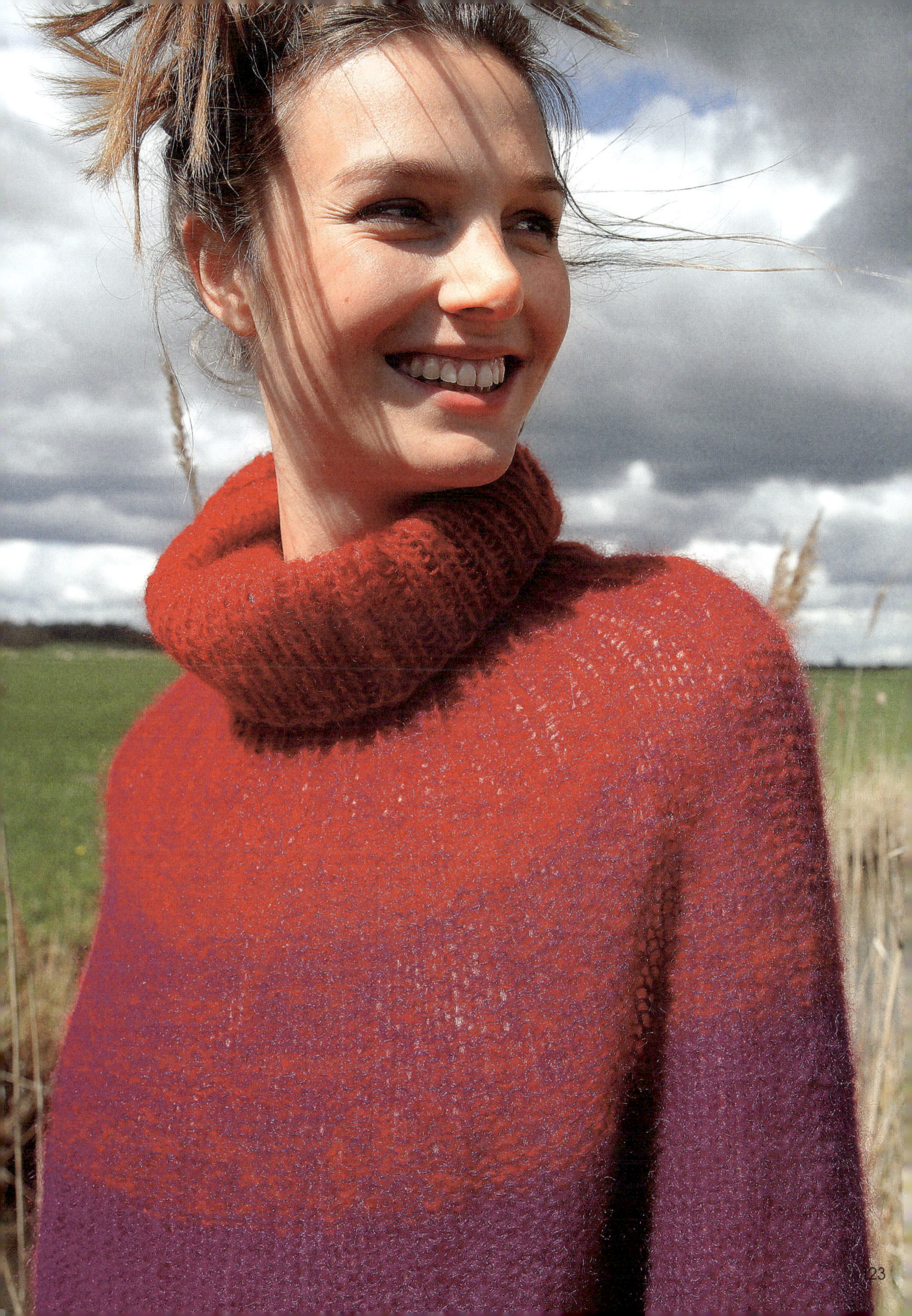

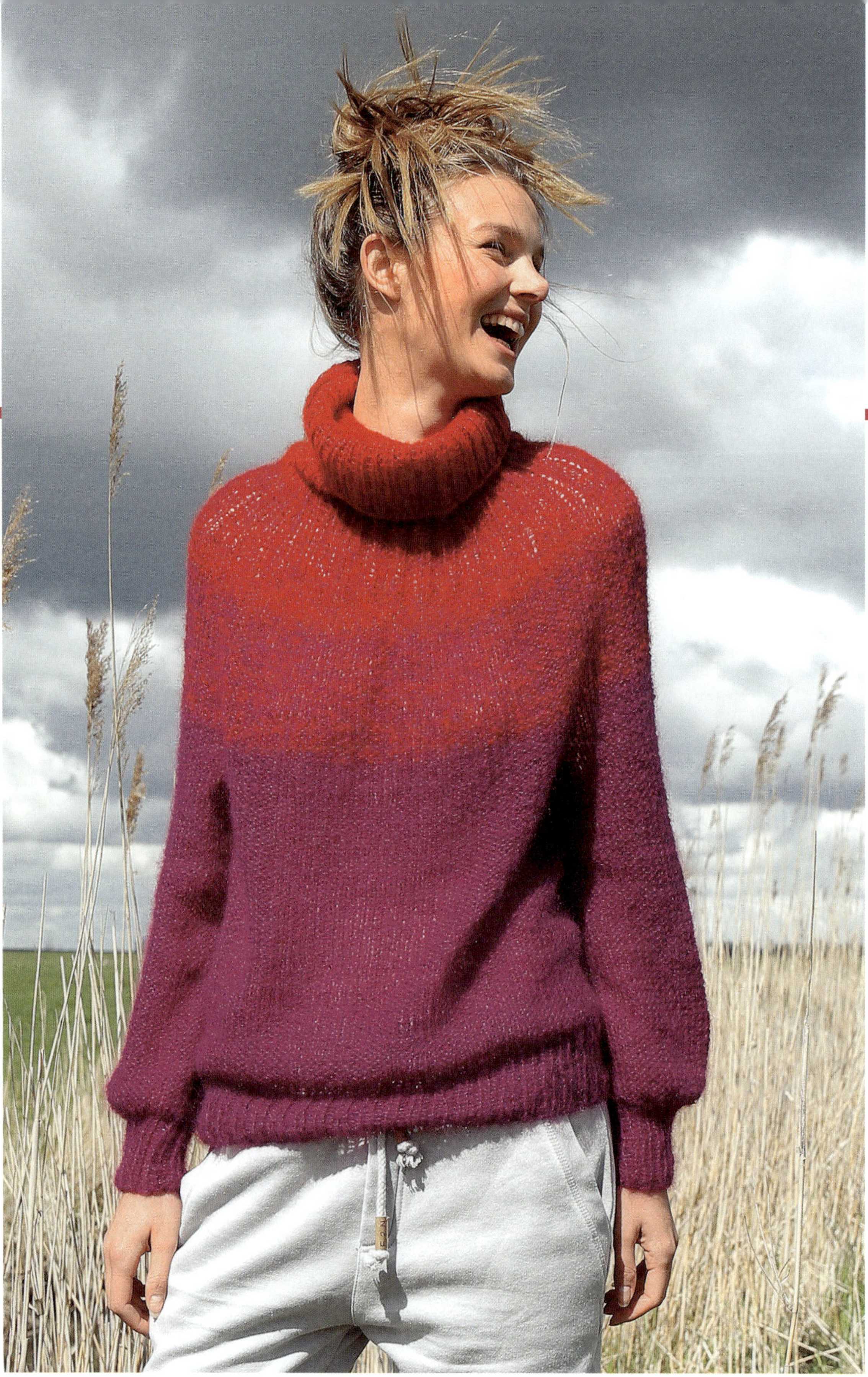

Von Zyklam bis Purpurrot

Dreifädig gestrickter Rundpassenpulli mit Farbverlauf

GRÖSSE

34/36 (38/40) 42/44

Die Angaben für Größe 34/36 stehen vor der Klammer, die Angaben für Größe 38/40 in der Klammer vor dem Strich, die Angaben für Größe 42/44 in der Klammer nach dem Strich. Bei nur einer Angabe gilt diese für alle Größen.

MATERIAL

ggh-Garn **KID** (65% Super-Kid-Mohair, 5% Schurwolle, 30% Polyamid; Lauflänge ca. 250 m/25 g) **175 (200/200) g** in Zyklam **(Fb 128)** und **50 (75/75) g** in Purpurrot **(Fb 145)**
Stricknadeln Nr. 5½–6 und 6–7; je eine Rundstricknadel Nr. 5½–6 in 40 und 80 cm Länge sowie je eine Rundstricknadel Nr. 6–7 in 60, 80 und 100 cm Länge; eine Häkelnadel Nr. 5–6

MASCHENPROBE

Mit Nadeln Nr. 6–7 und 3 Fäden glatt rechts gestrickt, ergeben 12–13 M und 17 Rd/R = 10 x 10 cm.

MUSTER

Bündchenmuster

1 M rechts, 1 M links im Wechsel stricken.

Glatt rechts

In Hinr rechte M, in Rückr linke M stricken; in Rd nur rechte M stricken.

Farbwechsel

Farbe 1: 3 Fäden Zyklam.
Farbe 2: 2 Fäden Zyklam, 1 Faden Purpurrot.
Farbe 3: 1 Faden Zyklam, 2 Fäden Purpurrot.
Farbe 4: 3 Fäden Purpurrot.

ANLEITUNG

Hinweis: Der Pulli wird 3-fädig glatt rechts gestrickt und später gewendet.

RÜCKEN- UND VORDERTEIL

Bis zu den Armausschnitten in Rd stricken.
100 (108/116) M in Farbe 1 mit der langen Rundstricknadel Nr. 5½–6 anschlagen und 8 cm im Bündchenmuster stricken. In der letzten Rd gleichmäßig verteilt 20 (24/28) x 1 Umschlag arbeiten = 120 (132/144) M.
Weiter mit Nadel Nr. 6–7 glatt rechts arbeiten, dabei in der 1. Rd die Umschläge rechts verschränkt stricken.
In 36 (35/34) cm Höhe für die Armausschnitte 12 (14/16) M abketten, 48 (52/56) M stricken, 12 (14/16) M abketten, 48 (52/56) M stricken. Dann die Arbeit stilllegen.

ÄRMEL

26 (30/34) M in Farbe 1 mit Nadeln Nr. 5½–6 anschlagen und 8 cm im Bündchenmuster stricken. In der letzten Rückr gleichmäßig verteilt 24 (28/32) x 1 Umschlag arbeiten = 50 (58/66) M.
Weiter mit Nadeln Nr. 6–7 glatt rechts stricken, dabei in der 1. R die Umschläge rechts verschränkt stricken.
In 44 cm Höhe für die Armausschnitte beidseitig 1 x 6 (7/8) M abketten, dann die restlichen 38 (44/50) M stilllegen.
Den 2. Ärmel ebenso stricken.

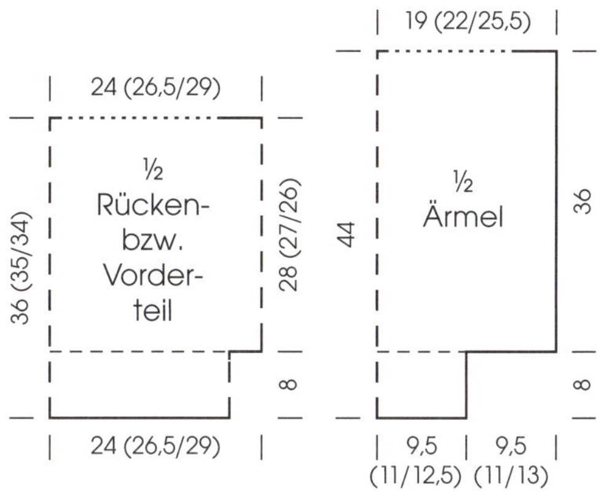

RUNDPASSE

Die Rundstricknadeln Nr. 6–7 der M-Zahl entsprechend einsetzen.
In der Höhe glatt rechts 6 (7/8) Rd in Farbe 1, 20 (22/22) Rd in Farbe 2 und 6 (7/9) Rd in Farbe 3 arbeiten = 32(36/39) Rd.
Mit der langen Rundstricknadel nacheinander die M des Rückenteils, eines Ärmels, des Vorderteils und des 2. Ärmels rechts stricken, dabei an allen Übergängen 2 (3/3) M rechts zusammenstricken = 168 (184/204) M.
In der folgenden Rd an allen Übergängen je 3 M rechts zusammenstricken = 160 (176/196) M.
In der 14. Rd gleichmäßig verteilt 16 (22/28) x 2 M rechts zusammenstricken = 144 (154/168) M.
In der 24. (27./29.) Rd verteilt 16 (22/28) M abnehmen = 128 (132/140) M.
In der 32. (36./39.) Rd verteilt 20 (24/32) M abnehmen = 108 M in 55 (56/57) cm Höhe.
Nun in Farbe 3 im Wechsel 2 M rechts und 1 M links stricken.
In 62 (63/64) cm Höhe, nach weiteren 12 Rd, für den Rollkragen in Farbe 4 mit der kurzen Nadel Nr. 5½–6 im Wechsel 2 M rechts zusammenstricken und 1 M links stricken = 72 M.
Dann die M im Bündchenmuster stricken, wie sie erscheinen.
In 25 cm Kragenhöhe die M locker abketten.

ZU GUTER LETZT

Das Teil spannen und unter feuchten Tüchern trocknen lassen.
Das Teil wenden, sodass die glatt links gestrickte Seite außen liegt. Die Ärmel- und Armausschnittnähte schließen.
Am Übergang zwischen Rundpasse und Rollkragen auf der Innenseite in Farbe 4 eine Rd Kettm häkeln, dabei die Weite nach Wunsch leicht einhalten.

Impressum

Autor: Rebecca Trade
Entwürfe: Susanne Schmidt-Guttandin
Anleitungen: Helgrid van Impelen/Katharina Buss
Realisation: Andreas Kersten
Fotos: Johannes Caspersen
Styling: Sibylle Wehner
Produktmanagement: Helgrid van Impelen
Lektorat: Dr. Stefanie Gronau
Korrektorat: Anna Maier
Bildtexte: Janne Graf
Umschlaggestaltung: Leeloo Molnàr
Layoutentwurf & Satz:
Marion Tykal, MXM Digital Service GmbH
Repro: LUDWIG:media
Herstellung: Kathleen Baumann
Printed in Slovakia by Neografia

★★★★★

Sind Sie mit diesem Titel zufrieden? Dann würden wir uns über Ihre Weiterempfehlung freuen. Erzählen Sie es im Freundeskreis, berichten Sie Ihrem Buchhändler oder bewerten Sie beim Onlinekauf. Und wenn Sie Kritik, Korrekturen oder Aktualisierungen haben, freuen wir uns über Ihre Nachricht an Christophorus Verlag, Postfach 40 02 09, D-80702 München oder per E-Mail an lektorat@verlagshaus.de.

Unser komplettes Programm finden Sie unter

www.christophorus-verlag.de

ggh GmbH, www.ggh-garn.de
Rebecca Trade GbR, www.rebecca-online.de

Die Deutsche Nationalbibliothek verzeichnet diese Publikation in der Deutschen Nationalbibliografie; detaillierte bibliografische Daten sind im Internet über http://dnb.d-nb.de abrufbar.

2. Auflage 2022

Infanteriestraße 11a
D 80797 München

ISBN 978-3-8410-6662-6

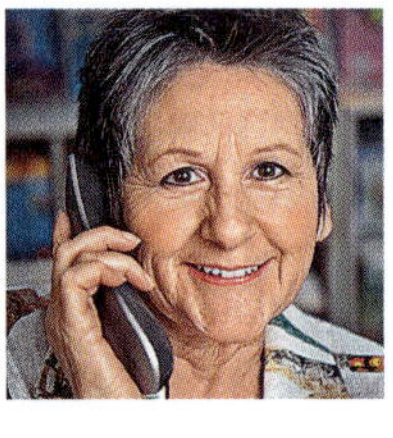

Kreativ-Service

Sie haben Fragen zu den Büchern und Materialien? Frau Erika Noll ist für Sie da und berät Sie rund um alle Kreativthemen. Rufen Sie an! Wir interessieren uns auch für Ihre eigenen Ideen und Anregungen. Sie erreichen Frau Noll per E-Mail: **kreativ-service@c-verlag.de** oder Tel.: **0049 - 89-1306-99-577**.

Besuchen Sie uns im Internet: **www.christophorus-verlag.de**